작은 토끼

뤼잉 시집 ● 김태성 옮김

자음과모음

차례

작은 토끼 (2006)

죽음에게 11
나무 두 그루 17
두려움을 논함 22
고통 28
사상가 34
성(性)의 고증 39
바퀴벌레설(說) 45
마지막 사람 52
작은 토끼 58
올챙이론 63

덧붙이는 말 68

나의 침묵을 건드리지 마 (2002-2003)

불면에 관하여 75
먼 곳에게 쓰다 77
생체 복제가 범람하는 시대에 생존하다 79
도시의 밤 81

후퉁(胡同)　84

술 노래　86

간직하다　94

마음의 이야기　96

우울　97

조용히 바람에 흩어지게 하라　99

안 돼　101

한류(寒流)　104

네게도 한때는 꿈이 있었겠지　105

실수　107

친구에게　108

환상　110

하늘가의 별　112

여자아이　114

봉화대　115

창밖　116

갈등　117

옥수수　118

사랑의 소야곡　119

비가 올 때　120

검은 눈동자　121

너는 미풍이다　122

인내 124

상실 125

내 침묵을 건드리지 마 126

나―자화상 128

빈 잔과 빈 탁자 ⁽²⁰⁰³⁻²⁰⁰⁴⁾

나는 커피를 저주한다 133

도시의 바퀴벌레 134

한밤의 편지 135

생존자 137

오늘 밤 나는 인터넷에 접속한다 139

도로변의 야생 버섯 141

창문 142

KTV 144

AA제 146

누가 존재하는가 148

울적한 때 151

이웃 153

빈 잔과 빈 탁자 154

디지털 카메라 156

꾸며진 혼인　158
하반신 문학 — 미녀 작가에게　161
인상 외 14수　163
나에 대한 나의 인상 외 16수　189
서랍　220
빗속의 정거장　222
잿빛 창문　223
살아간다　224
썩어서 생존하다　225
좋은 달밤　227
몸을 기댔던 난간　228
머나먼 도시　229
나는 꼭 알아야겠다　230
문자메시지처럼 생존하다　231
한밤의 거리　232

시작 단상　233
뤄잉 창작 연표　236
역자후기　238

작은
토끼 (2006)

죽음에게
— 2006년 6월 5일 05:10 로스앤젤레스 리츠호텔 301호실

 한밤중에, 특히 새벽에 고요함을 느끼는 것은, 갑자기 죽음의 그런 자극과 두려움이 생각나기 때문이다.
 단어로서의 죽음의 의미는 무척 예스럽고 신비하다. 나는 참지 못하고 묻는다. '죽음'은 어쩌면 인류 또는 우주에게 있어서 가장 존중할 만한 단어가 아닐까?
 한 생명을 죽이는 것은, 종종 하나의 '찰나'처럼 짧고 우연적일 수 있다. 하지만 어떤 죽음에게는 말라버린 무덤 혹은 뼈를 갈아 재로 만드는 과정이 필요하다. 때문에 죽음에는 경건한 앙모가 필요하다. 그런 다음에야 비로소 사망자와 함께 소멸할 수 있는 것이다.
 자동차 바퀴에 의해 소멸되고, 언어에 의해 소멸되고, 탄알 하나에 의해 소멸되고, 유전자에 의해 소멸되고, 가뭄의 계절에 의해 소멸되고, 강력한 권력에 의해 소멸되고, 당연한 일이지만, 금전에 의해서도 소멸된다.

죽지 않은 사람은 모두 방관자들이라 주로 조만간 죽을 자신의 미래를 예습한다. 상수리나무처럼 서로 죽음을 관망한다. 그런 다음 다 같이 함께 죽어간다. 마치 서로 약속이라도 한 듯한, 그 약속을 철저히 지키는 집단무의식의 죽음이다.

죽는 자들의 가장 큰 재산은 죽음의 시각, 그리고 그 순간의 쾌감과 고통을 알 수 없다는 것이다. 1982년산 라피트(Lafite) 포도주처럼, 관상의 만족이 시음의 소망보다 더 크다.

잉글랜드의 술집에서 밤을 새워 술을 마시는 것은 사망자에 대한 가장 비겁한 천시이다. 적어도 술을 마시기 전에는 반드시 사망자에 대해 모자를 벗고 예를 갖춰야 한다.

염미한 옷을 입고 긴 거리를 걸을 때는, 반드시 사망자를 위해 곁눈질로 길을 양보하여 사망자의 한 단어 구조가 다시 해체될 필요가 없도록 해야 한다는 것을 기억해야 한다.

육욕의 미친 듯한 환락 뒤에 마침내 한 순간 멈춰, 다시 죽음에 대한 기억 또는 고통을 복습한다. 사망자에게, 우리가, 사실은 윤리를 어지럽힌 범인들이 아니라는 사실을 알리기 위하여.

모살된 언어를, 우리는 모두 어쩔 줄 모르면서 사용하고 있고, 또한 모살의 과정에 계속 참여하고 있다. 아울러 언어의 모살을 통해 합리적이고 합법적인 타인의 모살을 기도하고 있다.

강아지와 비둘기의 죽음이 우리의 놀라움과 동정을 유발하기 시작하지만, 사실, 이는 방관하고 난 뒤의 비정상적인 정서에 지나지 않는다.

만일 한차례 대규모의 죽음이 순서에 따라 진행된다면 우리는 최대한 먼저 모든 어구(語句)를 도살하고, 그런 다음 최대한 많이 듀렉스(Durex) 피임 기구를 비축해야 한다.

형형색색 허구의 언어에 대해 인정사정없는 종족 청소를 단행해야 한다. 허구의 언어는 사망자의 서열을 악랄하게 무시하기 때문이다. 보다 중요한 것은, 이로 인해 허구의 언어가 모살자들의 마취제가 되기 때문이다.

　죽음을 피한 자들의 음량은 대를 잇는 수치라 사망자의 마지막 방향과 그림자를 구별하지 못하게 한다. 그리고 이것이 바로 모살자의 진정한 목적이다.

　한 사망자를 이용해 또 다른 사망자를 죽이는 것 또한 용서할 수 없는 일이다. 이는 한 가지 언어로 또 다른 언어를 덮어버리는 것과 마찬가지다. 이는 천상의 법을 범하는 일종의 폭행이다!

　사망자가 한 그루 버드나무일 수 있다. 죽고 또 죽어서도 타클라마칸 사막에서 완강하게 버티고 있을 수 있다. 어쩌면 한때는 한 줄기 강이었는데 죽어서 지도 위에 직선으로 변한 것인지도 모른다. 또 어쩌면 늙어 죽은 진흙 개구리가 길흉화복에 관계없이 저주와 절창을 쏟아내고 있는 것인지도 모른다.

　건물은 사망자들의 상자이다. 혹은 사망자들에 의해 설계되고 건축된, 죽음과 사망자들에게 향수를 제공해주는 공통의 무대라고 할 수도 있을 것이다. 생각해보라, 죽음을 설계하고 건축한다는 것이 얼마나 신성하고 고상한 일인가.

어떤 사람은 그저 사망자일 뿐이고, 어떤 사람은 사망자의 사망자이며, 또 어떤 사람은 사망자의 사망자의 사망자이다.

가장 좋은 사망자는, 미치지 않고 곧장 죽는 사망자이다. 혹은 반대로 죽은 뒤에도 여전히 미쳐 있는 사망자이다. 당연한 일이지만, 여전히 탐욕을 품고 있는 사망자의 사망자이다.

사망자인 방관자적 사망자는, 자연히 죽음의 어순을 단칼에 죽여버릴 것이다. 그런 다음 '천당'과 '지옥' 두 유형의 어휘로 구분하여 계속 죽음에 주석을 달 것이다.

가장 무서운 것은 방관자가 갑자기 죽음에 대한 긍정적인 어휘들을 삭제해버리는 것이다. 이렇게 되면 사망자의 영혼은 무력하게 아무런 도움도 받지 못할 것이고, 설국 죽음은 사람들이 잉모하게 될 존엄과 빛을 잃게 될 것이다.

이 얼마나 비겁하고 몰염치한 방관자인가!

이른 아침, 미처 열지도 않은 창문 커튼에 틈이 벌어지고, 관용처럼, 햇빛이 방관자 또는 모살자의 신분으로 내 침대 위로 쏟아진다. 그런 다음 그 신성한 모살—

또는 죽음을 시작한다.

나무 두 그루

—2006년 6월 6일 03:16 로스앤젤레스 리츠호텔에서

두 그루의 나무가 서로 긴밀하게 뿌리로 뒤엉킨 것이 미친 듯이 뜨거운 연인들이나 동성애자들의 한순간도 쉬지 않는 교미일까, 잎사귀가 서로 소란스럽게 움직이며 서로를 떨어뜨리려 공격하는 것이 생존자만 햇빛을 독점하기 위한 것일까?

이때 까마귀들은 나무들의 고통을 볼 것이다. 나무들은 삼림의 거대하고 형태가 없는 압박 아래 아무런 도움 없이 고통을 감내할 것이다. 물론 이는 그들이 키가 크고 장대하지 못하고, 따라서 멀리 도망칠 수 없기 때문이 아니다.

그렇다면 고통을 감내하자. 뿌리는 더욱 단단하게 엉켜 서로를 의지하게 하고, 좀더 노력하여 한 쌍 한 쌍 서로 의지하고 있는 뿌리들을 묶어, 이렇게 땅 위와 땅 밑에 두 개의 숲을 조성하자.

반항은 아무런 의미도 없다. 담장 한 귀퉁이를 몰래 적시는 개처럼, 너는 도시 전체를 완전히 더럽히지 못한다. 또한 일단 틈새에 스며들어 숲 깊은 곳을 바라보게 되면, 사실 나무 한 그루는 이

미 메말라갈 용기를 잃어버린다.

  이런 상황에서, 우리에겐 틀림없이 한 쌍 한 쌍 나무들의 소동(騷動) 과정을 관찰하기 위한 고통이 필요할 것이다. 물론 나무들의 고통의 성분은 최대한 무시하고 생략해야 한다.

  우리는 모국어를 장악하지 못하는 문화의 기아(棄兒)들처럼, 달이 뜬 밤마다 관념으로 자신을 위로하는 것이 아니라 그 뒤의 공허 때문에 쉽게 잠들지 못하는 것이 아닐까?

  전차를 타고 종점까지 간다. 그런 다음, 또 다른 전차를 타고 갔던 길을 되돌아오기 시작한다. 정교하게 설계된 현대화의 언어 환경에 떨어진 것처럼 너는 반복되는 곤경에서 벗어나지 못한다.

  작은 강아지가 유랑하고 있다. 안전이랄 것도 없고 정절(貞節)이랄 것도 없다; 작은 참새가 먹이를 찾고 있다. 존엄이랄 것도 없고 청고(淸高)함이랄 것도 없다; 자등(紫藤) 한 그루가 열심히 가지를 뻗고 있다. 멋대로 담장 또는 다른 종류의 나무들을 막아버린다. 담장이나 다른 나무들의 고통은 안중에 두지도 않는다.

한밤의 마지막 등불, 등불 아래 마지막 여인 혹은 마지막 창녀가 마지막 행인 또는 마지막 남자를 기다리고 있다가 꼭 껴안고 입을 맞춘다. 그가 이미 지나치게 정욕을 즐겼고 심지어 음위증(陰痿症)이라는 사실은 전혀 개의치 않는다.

이런 상황에서 고통은 쉽게 찾아볼 수 있는 일종의 정서이자 광경이 될 것이다. 숲이 조금씩 지하에 의해 지배되는 것처럼, 좀더 정확히 말해서, 집단 교배로 윤리의 혼란을 초래하는 것처럼, 이렇게 숲은 햇빛과의 교전을 피하면서 함께 소진해갈 수 있을 것이다.

쾌락을 교환하는 동시에 고통을 교환하여 뜨거운 불꽃이 강림할 때는 반드시 상대방에게 불을 붙여야 한다. 어떤 나무 혼자 독존하는 것을 허락해선 안 된다.

나뭇잎은 불에 타면서 날아가 땅에 떨어지기도 전에 소실될 것이다. 한 사람이 억지로 군중 앞에서 춤을 추는 것처럼 고통을 느끼기도 전에 미쳐버릴 것이다. 이리하여 서로를 얽어매는 것이 뿌리를 튼튼히 하는 또 다른 방법으로 이해될 수도 있을 것이다. 모든 나무들이 서로의 상실을 두려워하고, 혼자 남는 것을 두려워하기 때문이다.

바로 이렇게, 환락을 교환하는 자는 나무가 되고 모살자도 나무가 된다; 새로 태어나는 자는 나무가 되고 말라비틀어진 것도 나무가 된다; 압박을 받는 자는 나무가 되고 압박을 주는 자도 나무가 된다; 고귀한 자는 나무가 되고 미천한 자도 나무가 된다; 완강한 것은 나무가 되고 쉽게 꺾이는 것도 나무가 된다. 기타 등등, 등등.

그렇다면 고통이 필요한 이유는 또 무엇인가? 심지어 고통은 단지 존재의 자기 검증일 뿐이라고, 고통을 느낄 때 곧 존재의 쾌감을 느끼는 것이라고 추정할 수도 있을 것이다.

나무의 고통 때문에 감동한다는 것은, 마침내 한 가지 언어 환경의 압박 아래에서의 생존을 받아들였다는 것을 의미한다.

때문에, 어떤 한 사람이, 굳이 연인이 아니더라도, 동성연애자 연인은 더더욱 아니더라도, 다가와 너의 손을 잡을 때, 꿀벌들이 너의 눈길을 에워싸는 것처럼 구애의 선로를 골라낸다면, 너는 확실히 알게 될 것이다:

그가 정말로 고통스럽다는 것을.

두려움을 논함
— 2006년 6월 10일 CA984편 4A 좌석에서

나는 두렵다, 마지막 한 줄기 햇빛이 뱀처럼 소리도 빛깔도 없이 사라질 때, 나는, 또 외롭게 생각에 잠긴다.

한 가지 두려움의 욕망이 솟아올라, 떠돌이 들개처럼 도저히 막을 수 없을 것처럼 격렬하게 길거리에서 교배를 한다.

가서 어떤 사람을 찾을 것인가, 아니면 어떤 사람을 피할 것인가. 이는 모든 사람이 들개 같은 것은 아니라는 사실을 설명할 뿐이다.

21세기의 이른 아침에 두려움이 시작되어 거세게 울부짖는 광풍이 아주 깊게 느껴진다. 바다 밑에서 떠오르고 있는 것처럼 끝없는 정적이 부드러우면서도 날카롭다.

혹시, 이것도 삶과 죽음이 쌍방향으로 반영된 증거일까?

물론이다. 나는 산들이 하나하나 죽어가는 것을, 강물이 하나하나 죽어가는 것을, 도시들이 하나하나 죽어가는 것을, 게다가 나의 앵두나무가 알알이 죽어가는 것을 보았다. 마치 사람의 죽음처럼, 순서에 따라 혹은 순서 없이 하나하나 땅 위로 떨어지는 것을 보았다.

그리고 두려움이 그 속에 만연해 있었다. 특히 맹인 하나가 한적하게 대지를 두드릴 때, 두려움은 더욱 확실한 모습을 보이며, 더욱더 황당해진다.

가장 좋은 것은 한 친밀한 사람과, 혹은 마음을 다해 사랑하는 사람과 와인 잔을 받쳐 들고, 치명적인 선홍빛 와인을, 철학적인 방식으로 따져보는 것이다. 타락한 세기의 타락은 필요한 것일까, 또한 성적 욕구의 속세에 성욕이 필요한 것일까?

나의 아내가, 나를 모살하려 할 때에도 두려워할 필요가 전혀 없는 것은, 나는 겨우 일종의 세균에 불과하고, 자주 개 오줌에 담가졌던 그런 종자이기 때문이다―

단지 지린내가 두렵다면, 이 때문에 모든 구석마다 개 오줌을 충분히 뿌려놓는다면, 사람들 또한 기꺼이 개 오줌 같은 안부를 물을 것이다. 그리고 서로 이런저런 얘기를 나누다 보면 내가 살해될 수도 있다는 두려움의 진정한 함의도 말할 것이다.

그렇다면 오라, 나의 아내여! 와서 나의 도시를 죽이고, 나의 시골, 나의 갓난아기, 나의 시, 나의 과거, 그리고 마지막으로 나 자신까지 죽여라. 어떤 죽음의 방식으로도 나를 죽음에 이르게 할 수 있을 테니까.

과도하게 번영했던 세기에, 죽음에도 번영의 변종이 생겨, 새 한 마리의 추락도, 죽음의 정당한 유형이 되기에 충분하다. 깊은 밤이 끝날 때, 누군가 두려움 때문에 두려움의 문을 열게 된다면, 다시는 그 문을 어떻게 닫아야 할지를 알지 못하게 될 것이다.

그렇다면 우리가 공동으로 두려움을 갖자. 공동으로 죽임과 죽임을 당하는 과정을 완성하자. 설사 어떤 사상을 이용하여 또 다른 사상을 죽인다 해도, 애인으로 또 다른 애인을 죽인다 해도, 한 가지 언어를 이용해 또 다른 언어를 죽인다 해도, 어떤 두려움으로 또 다른 종류의 두려움을 죽인다 해도 말이다!

―이것이야말로 두려움의 가장 밑바닥에 깔린 이유이다.

어쩌면 새들은 두려움에 아랑곳하지 않을지도 모른다. 새들은 정해진 어느 계절 어느 시기에 일제히 태어날 것이다. 마치 채소시장의 문드러진 무처럼, 한 광주리 한 광주리 갑자기 구름층을 뚫고 나올 것이다. 이보다 훨씬 대단한 것은, 새들이 대규모로 집단적 죽음을 예정할 수 있다는 것이다. 모든 두려움이 너무 두려워 속수무책이 될 정도로 침착해질 것이다.

지렁이로 말하자면, 지렁이들은 일찍부터 아주 천천히 꿈틀거리는 방법을 배운다. 그리하여 지표면과 깊은 흙 속의 어느 지점에서도 활로를 모색한다. 지렁이들의 두려움은 연구하기가 쉽지 않다. 생존의 주된 자본금이 너무 저렴한 까닭에, 두려움의 유전자로 끌어들이기에는 아무래도 역부족이다.

인어로 시 한 수를 죽이는 것은 두려움을 일으키는 데 역부족이다. 하지만 모국어의 명분으로 어느 유형의 시를 혹은 시 전체를 죽인다면, 대대적인 두려움을 촉발하기에 충분할 뿐 아니라 새로운 살해자의 살해 충동을 불러일으킬 수도 있을 것이다.

처음에는 두렵기 때문에 죽인 것이지만 나중에는 죽인 것 때문에 두려워하게 된다. 한 도시에서 죽임을 당한 것과, 또 다른 도시에서 죽임을 당한 것을 서로 비교해보면, 더 많은 두려움의 요소가 있는 것은 결코 아니다.

만일 어떤 한 종류의 죽음이 또 다른 종류의 죽음에 비해 훨씬 더 불공평하다는 것을 증명해 보이고 싶다면, 반드시 어떤 한 종류의 두려움이 또 다른 종류의 두려움에 비해 훨씬 더 사람을 두렵게 하는 원인을 연구해야만 한다.

만일 어떤 한 종류의 예술이 반드시 죽임을 통해서만 확장되고 살아남을 수 있다면, 굳이 신경을 써가면서까지 살해와 두려움이 어떻게 상호작용을 하는지에 대해서 탐구할 필요는 없다.

한 사내가 등불 아래서 밤새도록 홀로 술을 마시고 취하는 것은, 두려움과 죽임의 기본적인 표징의 하나로 간주될 수 있다.

어느 한 시인이 사마귀처럼 언어와 교배하다가, 나중에 다시 언어로 인해 해를 입게 되는 것도, 마찬가지로 두려움과 죽임의 기본적인 표징의 하나로 간주될 수 있다.

어느 한 법관이 마치 씨받이 양처럼 마음대로 간음을 하면서, 동시에 방식과 과정을 무시하는 것은, 더더욱 두려움과 죽임의 기본적인 표징의 하나로 간주될 수 있다.

나는 간음을 당했고, 그로 인해 죽임을 당했고, 두려움의 대상이 되었다. 이 때문에 나는 자연스럽게 머리가 둘 달린 방울뱀으로 변해야 했다. 죽고 죽이고, 두렵게 하고 두려움에 떨고, 존재하고 존재되는, 허무하게 하고 허무해지고, 육욕과 육욕에 지배당하고, 위선을 떨고 위선의 대상이 된다―

울부짖고 울부짖음의 대상이 된다

고통
—2006년 6월 13일 04:28 집에서

애당초 고증할 방법은 없다: 낙엽 하나가 천천히 부패해가는 과정에 얼마나 많은 고통의 요소가 있는지를.

과장된 주장: 어느 개체가 유지되다가 갑자기 멈춰버리고 나면, 고통의 유전자는 세밀하게 사냥으로 잡혀 죽임을 당하게 되고, 아주 철저히 소멸될 수 있다.

다음 문제로 넘어가보자: 갑작스러운 번영과 광명의 한 시대에, 어떤 종류의 고통이 변이를 일으킬 가능성이 있을까? 고통을 두려워하는 정도로 한 개인과 또 다른 개인의 고귀함의 정도를 측정하는 것은 의학적인 명분으로 고통을 억누르는 무서운 음모일까?

한 종족이 또 다른 종족을 철저히 숙청하는 것은 숙청자의 고통스러운 게임으로 간주해야만 할까?

한 언어가 또 다른 언어를 완벽하게 분석하는 것은 분석자의 고통스러운 실험으로 간주해야만 할까?

어떤 고통을 또 다른 고통과 명확하게 대조하는 것은 고통 받는 사람의 고통을 증명하는 것으로 간주해야만 할까?

하지만 반드시 주의해야 할 점은, 고통의 물화 현상 혹은 그 과정은, 근본적으로 말해서, 실제로 세기를 넘나드는 음모 현상 혹은 과정인 것이다. 고통의 정도를 가지고 한 개인의 존재 정도를 구분하는 행위는, 세기를 넘나드는 모종의 집단적 음란을 초래할 수 있다.

좀더 깊이 있게 얘기해보자: 고통을 덮어버리거나 적대시하는 것은, 한 사회가 집행하고 있는 집단적 도륙의 죄증이다.

낙엽 하나가 소멸하는 과정은, 나무가 일찍이 사전에 계획한 자신으로부터의 이별이다. 하지만 또 단지 그 종과 호응하기 위해서는 호응하는 것밖에는 존재해왔던 틀과 그 구조로부터 증명될 수 없기 때문이다.

한 개인의 고통이 생기는 과정은, 숨기고 있던 어떤 집단에 일찌감치 제멋대로 내버려둔 탐욕의 비밀이 쇠락하기 시작했기 때문이기도 하다. 하지만 물욕의 너무 이른 현금 교환 때문에, 또는 철학의 명분으로 실시한 일종의 집단적인 조급증의 앙모일 가능성도 있다.

몸이 산산이 부서질 때는, 고통에 대한 그에 상응하는 존중과 연민이 유발될 수 있다. 하지만 한 개체의 정신이 집단적으로 몰락할 때, 고통에게는 새로운 이해와 정의가 절대적으로 필요하다.

그렇다면 누구 때문에 고통스러울까?

한 개인의 무의식적인 죽음 때문에?

어느 도시의 비교할 수 없을 정도의 세속적 변화함 때문에?

어떤 집단적 냉대와 타락한 음모 혹은 실수 때문에?

한 구절에 세 종류의 언어가 나란히 나열되어 있고 바다를 건너온 것 같은 표현이 많은 시 때문에?

부유함을 가장하지만 실제로는 마음껏 가무와 여색을 밝히는 시대 때문에?

집어치우자!

나는 마침내 왜 우리에게 도시가 필요한지를 깨닫게 되었다. 우리의 육체가 각종 물건들로 가득 차 있는 커다란 상자 안에 방치되어 그 안에서 서로 자양분을 흡수해야 하기 때문이다. 동시에 상자 밖에서 벌 떼처럼 몰려 들어오는 육체의 유혹을 받기 때문이다. 이렇게, 먹고 먹히고, 난교하고 난교 당하는 행위가 예상할 수 없이 발생하여, 진화론의 영명함을 증명하는 것이다.

내가 절대로 인정하지 않는 하느님이 이런 윤리를 설계해낸 것인지 모르겠다: 고통스러운 것은 바로 그를 고통스럽게 하는 것이고, 교배 불능에다 정신분열은 바로 그의 액운이고, 그는 단지 끊임없이 계속되는 윤회에 잘못 떨어진 것일 뿐이다. 하지만 육욕이 그를 육욕에 빠지게 하고, 그와 번영의 이름으로 진행되는 이런 세기적 광기의 환락이 서로 배필이 되어 육욕과 육욕의 대상이 되는 그의 사업을 계속하고 있는 것일까?

사실, 아주 약간의 고통만 있어도, 좀더 정확히 말해서, 아주 약간의 정신병만 있어도, 우리와 우리의 우리는 더 고귀하게 보일 수 있을 것이다. 적어도 구더기 떼가 썩은 고기에 꿈틀거리는 것처럼 되지는 않을 것이고, 성대한 연회의 방식으로 사람들을 구역질 나게 하는 일도 없을 것이다.

 이름 모를 새 한 마리가 날아왔다가 다시 날아갔다. 새의 고통을 생각하면 마음속 깊은 곳의 이름 모를 중압감이 느껴진다. 고통에 대한 관찰과 파악은 번영한 자신에 대해서와 마찬가지로 사람들이 고통을 받는 정신 구조에 관한 것이기도 하다.

 하지만 언어 또는 시가 이미 고통을 말할 수 없을 정도로 해체되어버렸을 때, 아마도 모든 고통은 철학의 범주에서든 육욕의 범주에서든 간에 모두 이미 실어증에 걸려 있을 것이다.

 다시 말해서, 언어학자나 시인이란 사람들이 극단적으로 악독한 방식으로 언어와 시를 공격하고, 이를 통해 번영한 종군(種群)

으로 하여금 고통을 표현하는 능력을 상실하게 만드는 것이다.

 이 얼마나 교묘한 음모인가! 그런데 나는 왜 여전히 고통을 느끼는 것일까?

사상가

—2006년 8월 2일 쿤룬(崑崙)호텔 커피숍

한 마리의 나비가 길가나 골목에서 짝을 구하는 경로를 관찰하는 것은, 마치 폭포처럼 눈앞에 걸려 있는 생각들을 관찰하는 것 같다.

가로등은, 보통 견고한 자태를 유지하면서 변하지 않지만, 백열등의 불빛은 종종 벽에 가려 곡해된다. 마치 발기부전 환자에게 습관이 되어 있는 논단처럼, 또는 사상가가 정확히 예측하는 그런 번거로움처럼.

편안하지만 에두르는 진행으로서의 언어는 이미 숙련된 중층구조의 충동으로 해석되고, 침대 위에서의 신음 소리로 우주의 음란으로 확장된다. 마치 한 개인의 죽음이, 어느 부류의 쇠락을 상징하기에 충분한 것처럼.

어떤 문명이 또 다른 문명을 죽이려 한다. 동시에 어느 도시 역시 또 다른 도시를 독살하려 한다. 당연하다. 대부분 사상의 명분은 실현되기 마련이다.

사상의 문 앞에서 밤을 지키는 사람은, 사실 대부분 사상의 근친상간자, 주정뱅이, 자학하는 자, 몰래 훔쳐보는 자 등등이다. 그리고 문 뒤로 도망치는 자는 본질적으로 역시 도시의 쓰레기다. 우리도 마찬가지로 고층 건물에 의해 한 번 또 한 번 변을 보게 된다면 딱딱하고 냄새가 고약한 것이, 개 오줌보다 더할 것이다.

　때로는 전원에서 자세하게 묘사된 후, 한바탕 날조한 사상의 연회는 마치 나체의 집단적 광기의 환락으로 명명될 것이다.

　정장을 한 사람의 악독함과 저속함을 상상해봐야 한다. 그 위력은 사상가의 욕망을 천 번이나 격살하고도 남겠지만, 현대적 명분의 황음무도함으로 관을 씌우기 위해 그 완전성을 유지할 것이다. 다시 말해서, 황음무도함을 형식으로 삼아 계속 황음무도할 것이다.

　한 개인의 간단한 존재 방식은 사실 훨씬 더 황음무도하다. 마치 공중에서 어느 도시의 후퉁(胡同, 중국 전통가옥인 사합원들을 연결해주는 좁은 골목)으로 떨어진 것처럼, 줄곧 황음무도함이 철저하고 투명하게 진행되어야 한다. 이런 측면에서 사상의 명의를 이용한 발언은, 필연적으로 허위로 가득할 수밖에 없어, 사람들에게 혐오감을 일으키게 된다.

  허구 또는 허위화를 완성하는 과정은, 사전 모의가 있고 단계가 있는 집단적 타락을 의미한다. 우리는 신이 나서 자신의 다리와 성기를 베어 먹는다. 그러고 나서 그로 인한 상처를 치료하고 영양을 공급하고는, 온 마음으로 새로운 다리가 생겨나기를, 새로운 성기가 자라나기를 기대한다.

  도시의 주요 목적은 마치 장소 혹은 용기를 제공하여, 우리가 집단적인 자위와 혼잣말을 진행할 수 있게 해주는 것 같다. 사상가는 도시의 가장 중요한 유전자다. 그들은 복을 타고났다.

  한 가지 미묘한 타락은 어떠한 책임이라도 떠맡는 것을 거부하는 데에 있다. 심지어 이 때문에 모든 사상과 사상가들의 눈빛을 의심할 수 있게 될 수도 있다.

  사상에 대한 과도한 탐욕은 언어 혹은 문자에 대한 혐오와 두려움을 조성한다. 마치 고전적인 여인의 음탕함처럼, 모든 여인들의 집단적인 모방을 불러일으킬 수 있고, 그리하여 우리를 울적하고 의기소침하게 만들 수 있다.

  사상가가 잡종으로 전락한다면, 도시 거리의 도둑의 형상으로 나타나 기하급수적으로 생장할 것이다. 똥통 안의 구더기처럼 집단적으로 꿈틀댈 수도 있다. 그러면서도 스스로 거창한 품격을 자랑할 것이다.

  이런 사상가를 죽이는 것은, 그 어려움이 담장을 하나 죽이는 것과 맞먹는다. 담장은 비호하기만 할 뿐, 사유하지는 않는다. 이런 사상가들이, 호색한의 웃음이 창녀들의 브래지어 속에 깊이 감춰지는 것처럼 담장에 의해 비호되고 있다.

  사상가가 관념에 있어서 강간당하는 것은 피할 수 없는 일이다.

그는 사상가를 보지 못하기 때문이다. 사상가들이 담장 뒤에 숨어 무수한 고층 건물들에 의해 비호되는 것은, 마치 더 이상 구멍을 뚫지 않는 도시의 쥐들이 시끄럽고 냄새나는 하수도의 비호를 받는 것과 같다.

하지만 사상가들을 격살하고 해체하는 문제를 진지하게 생각하고, 사상가를 격살하고 해체함으로써 어떻게 모든 언어의 원시성과 순수성을 복원할 수 있을지 연구해볼 필요가 있다. 그리하여 어느 날 아예 그들이 몸을 숨기고 있는 그 견고한 도시를 없애버리는 문제를 심각하게 고려해볼 필요가 있다.

다시 말해서, 현재 발생하고 있는 문명을 중지하고, 또 다른 새로운 문명, 또는 모든 문명의 상호 평등을 창조하는 것이다.

그렇다면 사상의 도둑 또는 언어의 깡패들에 대해 고도의 경계심을 유지하고, 수시로 이들을 격살할 준비를 갖추라. 그리고 눈(雪)으로 네 눈(眼)을 깨끗하게 비벼라.

성(性)의 고증
―2006년 8월 31일 02:00 로스앤젤레스

내가 빌딩과 또 다른 빌딩의 교배 과정을 고증하고, 이를 통해 더 많은 빌딩의 탄생을 증명하려는 것은, 빌딩과 빌딩의 난륜(亂倫) 때문이다.

나 혹은 우리는, 모두 다 건물들의 사생아 또는 잡종으로 여겨진다. 때문에 아예 건물의 입구나 복도에서 사통하기도 한다. 남녀를 가리지 않고, 노소를 가리지 않고, 생사를 가리지 않는다. 그리고, 애정 또는 자유의 이름으로.

내가 한 조각 나무토막으로 변하기로 자원했는지는 모르지만, 그리고 나자 음경이 조각되었다. 마음대로 누군가의 등불 아래서 꼿꼿하고 단단해져, 장식용 아니면 암시용의 역할까지 유발함으로써, 아마도 갖가지 성애를 벌이는 상황의 발생을 정확히 예측할 수 있을 것이다.

성욕의 도시는 21세기의 상성으로 사용된다. 주로 사정이라는 방식을 통해, 한 도시가 또 다른 도시를 굴복시키거나 멸망시킨다. 다시 말해서, 끊임없이 36억 개의 정자로 한 개의 난자를 포위 공격함으로써, 산이 마르고 물이 다할 때까지, 더 많은 도시의 사생아들을 수확하고 길러낸다.

시의 타락은 어구가 가장 낮은 단계의 사이즈로 마음대로 분해되고 조립되는 것이고, 애정의 타락은 교배 혹은 음욕으로 고귀한 이름에 관을 씌워줌으로써 기준을 종결하는 것이다. 가장 높은 건물은 항상 그 도시의 수컷의 특징을 과시하거나 발정의 최고봉을 암시하는 데 사용된다. 처음에는 고귀한 명분으로 이룩한 교배 혹은 음욕이, 실제로는 모든 교배 혹은 음욕의 수준을 떨어뜨려버린 것이다.

한 도시의 발생은, 틀림없이 맨 첫 기와의 헤픈 정의 소치이다: 그렇다면 가장 많고 가장 높은 빌딩숲을 가진 도시는, 그 간음의 충동이, 바로 도시가 정복하는 과정에서 시작된 치명적인 발생 원인이 아닐까?

도시의 이름으로, 모든 음란이 용인되고 비호될 뿐만 아니라, 문화에 의해 완전무결한 것으로 받아들여진다. 그리하여 맨 처음 오리털 이불 아래에서 다급한 간통을, 작은 골목 안에 있는 이발소에서 찔끔 사정하는 식의 성교와 비교하면, 물과 물고기의 사랑처럼 죽고 못 사는 애정을 실현할 수 있을 것이다.

도시의 빌딩들이 아무 생각 없이 치솟은 것은, 발전과 풍족함이라는 명분에 의한 것이다. 빌딩에 대한 갈망과 앙모는 실제로는 갈망과 앙모의 이름을 빌려 모종의 점유와 피점유의 행위를 완수하는 것과 다름 없다. 더 철저히 말하자면, 권력과 재부(財富)의 기치 아래서 점유의 강행을 시도하거나 점유되기를 원하는 음탕과 난교라고 할 수 있다.

한 도시를 교배의 대상을 삼는다는 것은, 하나의 계층 혹은 개체군의 슬픔을 교배의 대상으로 삼는 것과 마찬가지다.

멀리 도시를 조망해보면, 사람들의 마음은 어찌할 바를 모를 정도로 흐트러지고, 양물(陽物)이 범람하는 공황 상태를 느끼게 된다. 자신을 억제하지 않고 최대한 욕망을 좇아 자신을 다 벗어버리고자 하면, 음란해지거나 음란의 대상이 될 수밖에 없고, 사실 이는 영혼의 저항을 포기하거나 저항할 능력이 없음을 암시하는 징후이다.

빌딩이 가증스러운 것은 털끝만큼도 자신의 욕망을 감추지 않고, 자신이 초래할 수 있는 상처에 대해 무지하며 두려워할 줄 모른다는 데 있다. 더더욱 저주할 만한 것은 현대화와 현대 문명의 기치 아래, 형형색색의 음탕한 무리들을 불러 모으고 있다는 것이다. 천사와 같은 고귀한 자태로, 모든 약자를 멸시하고 점유하지만, 이는 그저 감옥의 사자를 방불케 할 뿐이다.

골목의 막다른 곳이나 입체교차로 아래서 야합하고 몰래 사통하면서 야릇한 신음을 토하는 것은 필연적인 천박함으로서, 호텔 맨 위층에서 오르가슴을 느끼는 순간에 침대를 요구하는 필연적인 고귀함과, 똑같은 음란이다. 하지만 이처럼 분명하게 구별될 수 있는 것은 출현이 불가능한 모반의 가능성 때문이다. 이것이 도시의 기본적인 기능과 존재 이유가 아닐까?

도시는 마치 더러운 침대 시트로 우리를 포용하고 있는 것처럼, 우리가 서로 가까이 음란할 수 있도록 보장해준다. 게다가 추호의 부끄러움도 필요 없게 해준다. 이러한 거짓 모반의 이름으로 행한 수작들은 자포자기와 같아서, 개인적 관계에서는 더더욱 구제할 약이 없는 음탕함이다.

철학이라는 이름이 붙은 음탕함이다. 시의 이름으로 불리는 음탕함이다. 문명의 이름으로 불리는 음탕함이다. 정신이상의 이름으로 불리는 음탕함이다. 고귀한 이름으로 불리는 음탕함이다. 비열함의 이름으로 불리는 음탕함이다…….

음탕.

음탕.

음탕음탕음탕.

해가 다시 높이 걸려, 다시 청명해진다고 해도, 우리의 상상을 막지는 못한다. 이 지쳐버린 도시는, 마음껏 음탕한 괴물이며, 몇천 년 동안 양물이 숭배해온 정점이고, 문명과 야만의 간통이다. 천당과 지옥의 잡종이고, 음란을 행하는 자와 음란을 당하는 자의 심리적 귀착지다.

이것이 성의 고증이다.

바퀴벌레설(說)

―2006년 9월 1일 04:11 로스앤젤레스

 한 무리의 바퀴벌레는, 그 자학적인 노선과 방법이 극도로 묘연하고 비천하여, 사람들로 하여금 영원한 영혼의 타락을, 음험함과 허구에 능한 집단적 이데올로기를 떠올리게 한다.

 빌딩의 틈과, 벽돌 틈, 마룻바닥의 틈, 부뚜막의 틈―모든 틈이 일종의 사전 모의된 설계로서, 바퀴벌레가 문명의 스파이가 되어 어떠한 반역의 가능성도 포착하기 편리하게 해준다.

 그렇다면 바퀴벌레의 집단적인 감시 아래서, 영혼의 타락은 어떻게 진행되는 것일까?

 아마도 한 마리 개처럼, 어미 주인의 젖 앞에서 웅크리고 있다가, 색정의 온화함으로 모종의 격정을 끌어올리고, 그런 다음, 마음대로 길가에 있는 나무 밑에서 준비하고 있다가 양다리 걸치기를 완성할 것이다.

 이미도 한 마리 까마귀처럼, 빌딩의 끝자락을 배회하다가, 감정을 드러내지 않고 중생들을 고려하면서, 아무 때나 급강하하여 내려가, 일거에 누군가 내버린 열매껍질을 탈취할 것이다.

또한 아마도 시인처럼, 한 무더기의 술어들을 가슴에 품고서, 어떠한 방식으로든 자신과 조합하여, 이미 텅 비어 있는 감정의 창고를 끊임없이 갈취하고, 억지로 원시 상태에 축적된 베스트셀러 상품들을 내놓게 할 것이다.

당연하다. 가장 가능성이 큰 것은, 갑작스럽게 중성으로 변하여, 자아의 교배와 배태하는 과정을 완성하게 하는 것이다.

이쯤 되면, 영혼을 타락시키는 계획은 더할 수 없이 완전무결해져, 바퀴벌레가 또 다른 종의 소통과 창조의 기능을 갖는 것으로 부각되기에 충분해진다.

도시에 끼어든 고층 빌딩들을 놓고 말하자면, 바퀴벌레의 역할은 그 비할 데 없이 더러운 방식으로 그들의 생존을 돕는 데 있다. 달빛과 비의 색채, 그리고 가을바람은 어떠한 영향도 끌어내지 못하고, 심지어 언어의 해체 또는 재해체와도 아무런 관계가 없다.

바퀴벌레의 앞에서는, 나와 나들 역시 기꺼이 자포자기하게 된다. 절차는 이렇다. 첫째, 바퀴벌레의 추한 외모를 무시하면서도 그와 평화롭게 공존하는 법을 배운다. 둘째, 약간 높은 고도에서 그들을 우러러보며, 그들이 도시와 빌딩의 생존을 돕고 있다는 사실에 감사한다. 셋째, 비겁하고 저속한 지식들과 관련된 것들을 전부 철저히 폐기하고 쾌감이 자신에게 남겨주는 일시적인 평안의 여지를 확보하여 수시로 비겁보다 더 비겁해지고 저속보다 더 저속해진다.

 가장 중요한 것은, 나와 나들을 제외한 모든 동성을 죽일 방법이 없어 자연스럽게 모든 이성을 점유하고 농락하거나 모든 이성에 의해 점유되거나 농락당할 수밖에 없다는 전제 아래, 나와 나들은 당장 중성으로 변해야 한다는 사실이다. 이렇게 해야만 안전하고 편리하게 필요할 때마다 자위행위를 할 수 있고, 아울러 초급 생물의 방식으로 육체에서 정신에 이르는 이중의 즐거움을 실현할 수 있기 때문이다.

바퀴벌레는 어떻게 우리에게 보답할 것인가?

나는 감히 그들이 씩씩하게 가던 길을 되돌아 감으로써 모종의 거부감과 비웃음을 표명할 것이라고 확신한다. 또한 그들이 우리를 경멸할 만한 확실한 이유도 있다고 믿는다. 우리는 수컷 바퀴벌레 한 마리가 교배의 기회를 얻기 위해 어떻게 싸우는지 알 뿐만 아니라, 어떻게 하면 방 세 칸짜리 집에서 모든 동성을 깡그리 없애고, 이성을 전부 점유하여 희롱하고, 심지어 모든 이성이 자원하여 점유되고 희롱되기를 바라게 할 수 있는지도 알고 있다.

나와 나들은 나와 우리를 제외한 나와 나들을 이해할 수 있을 뿐만 아니라 나와 우리 외에 모든 동성을 죽이고 모든 이성을 점유하고 희롱하거나 시원하게 모든 이성에 의해 점유되고 희롱되는 환상을 해독할 수 있다.

나와 나들이 바퀴벌레를 따라잡지 못하는 것은 나와 나들이 공동으로 함께 가라앉았기 때문이다. 도시와 빌딩이 상징하는 가장 밑바닥으로 가라앉았기 때문이다. 나와 나들 외에 나와 나들이 건드릴 수 없는 영혼의 범위 내에서 나와 나들이 생존하고 있다.

  나와 나들은 실제로 도시의 연옥이라는 경계를 조직했다. 연옥의 목적은 상승이요, 바퀴벌레들이 따라잡을 수 없는 지고의 경지까지 올라가, 다시는 가라앉지 않는 것이다.

  바퀴벌레들은 지옥에서 온 물종(物種)이다. 행위가 말해주듯이, 그와 그들의 추구는 훨씬 더 깊고 철저해, 흔적도 없이 사라지기 때문에, 근본적으로 나와 나들의 마음에 들지 않는다. 때문에 더더욱 나와 나들이 될 수 없다. 나와 나들은 영원히 그와 그들의 각도와 시야를 얻지 못할 것이다. 기껏해야 속으로 다행이라고 여길 뿐, 그와 그들의 관용에 다행이라고 여길 뿐이다.

  더 나아간 반성적 사유를 표명해보자: 나와 나들은 지옥의 상부에서 걸음을 멈춘다. 나와 나들은 또 다른 지옥을 세우는 것이 목적이다. 나와 나들이 순조롭게 타락하기 위해서, 하지만 다시는 더 깊은 나락으로 떨어지지 않기 위해서다. 그런 의미에서 나와 나들을 모종의 지옥에서 온 사자라고 불러도 좋다. 물론 지옥에 있는 천사라고 불러도 좋다.

하지만 바퀴벌레를 연구하는 목적은 여기에 있다: 그와 그들 그리고 나와 나들이 도시와 빌딩 사이에 남은 최후의 종자라는 사실을 의식하는 것이다. 저속하고 비열하며 후안무치함이 어느 정도에 달했는지 간에, 그녀와 그녀들 그리고 나와 나들 모두 도시의 빌딩과 공존해야 하고, 아울러 도시와 빌딩의 모든 구석이 도살장이 되어 가차 없이 그와 그들 그리고 나와 나들 외의 어떤 종자든지 전부 죽여야 하기 때문이다.

그와 그들은 바퀴벌레의 방식으로 종자의 타락과 확대를 달성했고, 나와 나들은 철학과 시의 방식으로 종자의 타락과 확대를 장식했다. 하지만 공존이 최종적으로는 공모라는 사실을 배제하지 않더라도 그렇게 함께 누리는 완미함은 더 이상 허구가 아닐 뿐만 아니라, 나와 나들의 자발적 잔존 본성도 틈새에 끼워져 더 이상 비겁하게 아래로 흘러가지 않을 것이다.

마지막 사람
— 2006년 9월 2일 06:14 로스앤젤레스

나는 안다. 가장 높은 옥상에 둥지를 튼 저 까마귀가 모든 사람들을 사살할 수 있다는 것을. 게다가 애완동물의 신분으로 마지막 사람을 키울 수 있다는 것을.

그렇다면 먼저 모든 시인들을 사살하여 발정의 괴성을 질러대는 고양이의 춘정과 실총(失寵, 주인의 총애를 잃음)의 고통이 집단적 광기의 심리를 만들어내지 못하게 하라.

그리고 모든 철학자와 증인 명단에 있는 사람들을 격살하여 현대 혹은 문명의 이름으로 탐욕을 논증하는 일을 피하고, 자유 교배와 점유의 신분을 환취하라.

그리고 모든 매음자들을 격살해야 한다면, 먼저 사상의 매음자들을 격살해야 하여, 신세기의 새로운 매음 방식으로 길을 개척하고 시장을 번창하게 하며, 모든 강권자들과 비겁자 또는 도둑들의 간통 행위에 편의를 제공하는 일이 없게 해야 한다.

물론이다. 나는, 죽임을 당할 수도 없고 당하지도 않을 것이다.

나는 그 까마귀의 공모자이기 때문이다. 나는 죽임을 당할 수도 없고 당하지도 않을 것이다. 내가 바로 그 마지막 사람이기 때문이다.

마지막 사람으로서, 나는 일찌감치 자세하게 해체되었고, 아울러 아무런 허점도 없이 수리되었다.

우선 나는 필연적으로 마지막 시인이다. 때문에 염치가 없어도 되었고, 어떤 주인이나 적과의 공존이 가능했다. 다시 말해서, 사람들의 간담을 서늘하게 떨게 경외심을 갖게 하는 이 까마귀와 공존할 수 있다는 것이다.

둘째, 나는 또한 이로 인해 자연스럽게 마지막 철학자가 되었다. 널리 자료를 인용하여 증명하는 마지막 사람이 되었다. 이렇게, 나는 다시는 어떠한 가능성 있는 반박도 고려하지 않을 수 있었고, 마음대로 탐욕과 욕망, 원한과 모함, 통제와 징벌의 논증을 문명 또는 현대 문명의 합리적 존재가 되게 했다. 다시 말해서 이 까마귀 천지의 대규모 학살에 대한 합리성과 합법성을 인정한 것이다.

마지막 매음자(賣淫者) 또는 매음자(買淫者)로 말하자면, 사실 나는 일찌감치 이런 사람이 되어 있다. 육체의 의미에서 볼 때, 철저하게 음란했다. 사상의 의미에서 볼 때, 조금도 망설임 없이 음란했다―이제는 마침내 솔직하게 말할 수 있다. 사실, 나는 일찍부터 강권자, 비겁자, 도둑이 되기를 갈망했었거나 그렇게 되어 있었다. 나는 음란과 간통의 행위와 방식 그리고 그 맛에 대해 아주 잘 알고 있었다.

마지막 사람으로서, 나는 아래에 열거하는 방식으로 생존하고자 한다:

사람들을 두렵게 하는 이 까마귀의 간통과 간통을 당하는 대상이 되어, 마음껏 욕망을 따르면서 어떤 가치의 반항과도 조우하지 않는다.

그런 다음 쥐 떼의 애완동물 혹은 첩처럼, 욕망을 배설하거나 배설당한 뒤에 까마귀에게 관련 정보를 알린다.

혹은 개나 고양이처럼, 광활한 도시의 광장과 빌딩 사이에서 마음대로 대소변을 누고 다녀도, 더 이상 벌금을 물거나 수용되는 것을 걱정하지 않는다. 물론, 도시 관리 요원들의 대문을 목표로 정해놓고 매일 아침, 점심, 저녁으로 한 번씩 용변을 볼 수도 있다. 비바람도 나를 막지 못할 것이다.

인터넷에는 반드시 '머저리' 또는 '개자식' 같은 욕이 가득 올라와야 한다. 그래야 더 치욕스러운 반격이나 경찰의 출현을 두려워하지 않게 되기 때문이다.

또한 피살된 미녀의 영혼 앞에서 벌거벗고 미친 듯이 춤을 추어, 살아남은 사람, 즉 강자의 이념을 분명하게 보여줘야 한다. 다시 말해서, 마지막 사람은, 숲의 법칙 또는 새로운 숲의 법칙에 대해 최후의 판단을 내릴 권리가 있음을 밝히는 것이다.

훨씬 더 더러운 상태에서 생존한다 해도, 반드시 이전에 더 더러운 환경에 남아 있던 두려움이 약화된다고는 말할 수 없다. 때문에, 나는, 마지막 한 사람으로서, 반드시 구더기나 파리의 방식으로, 마지막 남은 사람의 생존 가능성을 또다시 논증할 것이다.

의심할 필요 없이, 나는, 마지막 사람으로서, 고양이나 개, 쥐나 파리로부터 첩과 같은 총애를 받겠지만, 그래도 내가 가장 중시하는 것은, 여전히 그 까마귀다.

새로운 주인으로서, 까마귀는 도시와 빌딩과 함께 존재할 것이고, 심지어 그 의미도 더욱더 중대될 것이다. 꼭 필요한 거래와 살육을 까마귀가 주재할 것이고, 도시 및 고층 빌딩과 함께 또 다른 문명의 상징으로 확장될 것이다. 도시와 빌딩이 불멸할 것이라고 말할 수 있다면, 까마귀 또한 불멸할 것이다. 까마귀들은, 나 때문에, 마지막 사람 때문에 서로 인증을 받게 될 것이다.

그리고 나는 마지막 사람으로서, 인간의 지혜로 또는 음모 능력으로 존경을 받을 것이다.

왜냐하면, 나, 마지막 사람은, 도시와 고층 빌딩 사이에서 욕망을 따르는 길을 잘 알기 때문이다.

작은 토끼

─2006년 9월 2일 07:31 로스앤젤레스

토끼의 신분으로 모 도시의 모 빌딩 안에 있는 모 회사에서 사육된다는 것은 무척 다행스럽고 안전한 일이다.

왜냐하면, 어미 토끼로서의 역할은 남녀가 서로 시시덕거리다가 교환되고, 수토끼의 감각으로 발정된 다음 구경거리가 되기 때문이다. 물론 성별이 없기 때문에 중간에서 적당히 채용될 수 있다.

모 회사와 모 회사에 의해 '윈윈'이라고 불리는 등가교환이 진행되지만, 사실은 이기고 지는 것이 없다. 토끼의 주요 임무 혹은 가치는 빨리 번식하는 데 달려 있다. 따라서 되도록 많이 교배를 해야만 교환가치를 제대로 발휘할 수 있다.

태어나 토끼가 되려면, 토끼로서 마땅히 가야 할 길을 가야 한다.

우선, 반드시 한 도시에서, 모두가 토끼인 환경에서 사육되어야 한다. 빠른 속도로 교배하고 번식하는 사이클에 진입해야 하는 것이다.

둘째, 반드시 고층 빌딩에 수용되어, 관리를 받으면서 단체의 공동체 의식을 가져야 한다.

셋째, 반드시 한 회사에 소속되어, 가치 증진 프로젝트를 진행하고 현금 유량표를 납입할 수 있어야 한다.

토끼를 통제하기 위한 이론은 반드시 갖춰져 있어야 한다. 예컨대 잉여가치를 언급할 때는 반드시 토끼의 번식 속도와 교배 환경까지 고려해야 한다.

토끼의 난륜은 그리 중요하지 않다. 교역의 의미에 있어서는 이것이 원가절감에 유리하기 때문이다.

회사의 기묘함은 동의하거나 동의하지 않은 토끼들을 전부 수용한다는 데에 있다. 총중량 또는 총수량을 가지고 회사의 번식 규모를 나타내는 것이다.

토끼의 자포자기 혹은 탈선행위는 한 회사의 정치 현상으로 귀속된다. 이를 해결하는 방법은 훨씬 더 많은 토끼들이 자포자기하거나 탈

선하게 만들어, 일종의 자아 평형의 현대화 제도를 조성하는 것이다.

 토끼의 공헌 가운데 하나는 대량의 분뇨를 생산할 수 있다는 것이다. 이는 무척 경사스러운 일로, 싱싱한 풀을 재배함으로써 토끼에게 보상으로 분배해주면 된다.

 작은 토끼는 이렇게 말할 것이다: 저는 도시의 우리에서 사육되고 싶어요. 말도 잘 들을 거예요―고분고분한 것이 토끼의 가장 중요한 미덕이기 때문만은 아니에요. 우리에서 길러지면 기본적인 안전을 보장받을 수 있게 되지요.

 큰 토끼는 이렇게 말할 것이다: 저는 고층 빌딩 안에 수용되어 벙어리가 되고 싶습니다. 저는 떠돌아다니는 고통을 경험해봤기 때문에, 침묵이 금이라는 것을 잘 알지요. 안분지족이야말로 여기서 지내는 데 가장 중요한 조건이거든요.

 늙은 토끼는 이렇게 말할 것이다: 나는 회사의 통제를 받아 열심히 교배를 했어요. 솥 안에 있으면 대접 안에도 있는 셈이거든요. 회사의 운명이 바로 저의 운명이고, 회사의 법칙이 바로 저의 법칙이지요.

하지만 일부 토끼들이 작은 문제들을 일으키기도 했다. 사람이 되고 싶었기 때문이다. 나아가 고관이나 사장이 되고 싶었기 때문이다.

결과는 이랬다:

작은 토끼는 무정하게 윤간당했다;

큰 토끼는 생식기관을 잘렸다;

늙은 토끼의 두 귀는 아예 절단되었다;

또 한 마리의 중성의 토끼는, 군중 앞에서 자위행위를 하는 형벌을 받았다. 남성 혹은 여성의 자태로, 혹은 남자도 아니고 여자도 아닌 자태로 한 번 또 한 번 공연을 해야 했다.

도시가 하늘에 넘치는 불꽃으로 번영을 외치고 있고; 고층 빌딩들은 입체 조명의 바다로 그 기세를 떨치고 있으며; 회사늘은 가

파르게 치솟는 이윤 곡선으로 발전을 과시하지만, 토끼는, 끊임없는 교배 속에서 쾌감을 즐긴다.

 그러나 대소(大小)와 장유(長幼), 암수를 분간할 수 없는 토끼 같은 토끼가 죽은 것은, 자발적으로 고층 빌딩의 옥상에서 뛰어내렸기 때문이다!

올챙이론(論)

―2006년 9월 4일 02:22 로스앤젤레스 공항

우선 분명히 밝힐 것이 있다: 내가 언어의 사람 또는 언어에 의해 규정되는 사람이긴 하지만 집단적인 의미에서는 올챙이와 함께 거론될 수 있다.

땅을 뒤덮고 있는 도시와 고층 빌딩 때문에 나는 오래전부터 별과 달이 비추는 연못에서 태어나 양육되고 변신할 수 없었다. 한 무리 한 무리 개구리들이 발정하면서 어지럽게 간통하고 사정하고 있고, 또 한 무리 한 무리 개구리들이 깨끗이 죽어가고 있다. 염가로 도매되어 시장에서 거절되는 불량품 같다.

그리하여 나와 언어의 나들은 집단적인 모살과 결정을 한다:

도시가 체현하는 근대성과 물질문명에 관해 나와 언어의 나들은 성적 노예처럼 생존하기를 원한다. 다시 말해서, 집단적인 간음 이후에 다시 집단적으로 간음되고 싶다는 것이다.

여기서 말하는 '언어'에는 물질성이 없다. 언어는 정신적인 것이고 사상적인 것이다. 물론 영혼의 심층도 포함한다.

하지만 나와 언어의 나들은 그와 언어의 그들과는 서로 간섭하지 않는다. 나와 언어의 나들은 그와 언어의 그들이 가라앉았거나 가라앉혀지는 수준에 관심이 없다.

나와 언어의 나들은 한 시대와 결맹하여 간음의 재간음, 피간음과 재피간음의 합리성을 추리 또는 증명하고 시대 전체의 합법성을 서술 또는 찬미하며, 전대미문의 현대화 문명이 다른 문명을 대신하고 배척한 데 대해 환호하고, 그것이 몰고 온 탐욕과 육욕의 폭풍에 대해 환호하며, 그 폭풍 속에서 전율하는 모든 장면에 환호하고자 한다.

따라서 나와 언어의 나들은 시대의 전매권을 누리면서 욕망을 추종하고 붙잡는 사람들이 되어 언어의 끝에서 현대화가 의미하는 난륜을 완성하고자 한다.

집단적 육욕화;

집단적 경제화;

집단적 대중화;

집단적 중첩화;

집단적 성노예화;

집단적 자학화;

집단적 중성화;

등등.

그리고 마지막으로 집단적 올챙이화.

'집단'과 '올챙이', 이 얼마나 미묘한 대칭인가! 나와 언어의 나들은 이러한 대칭을 높이 평가한다. 이런 대칭이 끊임없이 초급 집단기억으로서의 생존과 복종의 생존을 상기시키고 강조하기 때문이다.

사실, 나와 언어의 나들은 처음부터 올챙이 무리에 속했으나 도시와 고층 빌딩에 의해 양육되어 현대화의 내부 간음이 가난을 논증하는 가능성이 되었다.

언어의 학대자와 피학대자로서의 나와 언어의 나들은 올챙이식의 논리에 따른다. 예컨대 먼저 일부 사상을 죽이거나 해체하고 나서 다시 안고 가 돌아가면서 집중 폭격 같은 사례별 분석을 진행하지만 결론은 전부 똑같다. 현대의 죽음은 아무래도 괜찮은 것이다. 하지만 모든 시신의 냄새는 현대 문명과는 절대로 무관하다.

올챙이 논리로부터 언어를 장악한 최대 다수의 사람들이 초야권과 무한 교배의 정당성을 갖는다는 올챙이 법칙을 도출할 수 있다.

나와 언어의 나들 사이에는 당연히 묵계(默契)가 빠질 수 없다. 그렇지 않고서야 어떻게 난륜의 필요성과 공평성을 보장할 수 있겠는가? 어떻게 올챙이의 일족으로서 변화와 확장을 할 수 있겠는가? 어떻게 집단적으로 언어의 해체권과 방어권을 장악하여 숲 속의 법칙의 불후한 빛을 선전하고 홍보할 수 있겠는가? 어떻게 더 많은 그와 단어의 그들을 제조하여 언어의 약자이자 잡종이 되게 하고 그럼으로써 나와 언어의 나들의 고귀함과 합법성을 부각시킬 수 있겠는가?

한 세기에 대한 저항과 질의를 포기하는 것은 지자(智者)의 선택으로서 위증의 방식으로 현대화 과정의 불가역성을 청사에 길이 남기는 것이다. 반드시 올챙이 또는 언어의 나와 나들이 되어야만 비로소 시대의 성대한 잔치를 즐기면서도 탐욕의 오명을 뒤집어쓰지 않을 수 있다.

작은 올챙이들이 엄마를 찾는다고 말할 수 있을까! 도시의 빛과 고층 빌딩의 조명이 비출 때 어디 이런 마음이 있겠는가! 필요에 따라 나와 언어의 나들은 심지어 바람피우는 개가 되어 더러운 신음을 차가운 등에 숨기기도 한다.

올챙이가 꿈에서도 연못을 벗어나지 못한 이상, 나와 언어의 나들도 도시와 고층 빌딩을 지킬 충분한 이유가 있는 것이다

● 덧붙이는 말

　나는, 확실히 이 도시의 기아(棄兒)다.

　스스로 기아를 자칭하는 것은 내가 마음속으로부터 현대 도시의 물질화 속에 완전히 융화되지 않았기 때문이다.

　현대 문명 혹은 현대화 제도는 인류 사회에 전대미문의 재화를 가져다주고 향수할 수 있게 해주었다. 법률의 이름으로 건축된 사회제도는 갈수록 더 정교해지고 있다. 국가와 국가, 민족과 민족, 도시와 도시, 사람과 사람이 지금처럼 밀접하게 서로 연관된 적이 없었다. 이런 사회의 발전에 대해 환호할 이유는 충분하다. 그러나 기득권자의 하나로서, 물질을 충분히 향수하고 있는 사람으로서, 한가하고 운치 있는 상태에 있는 시인으로서, 끊임없이 상상의 공간을 개척하고 있는 지식인으로서, 나 또는 우리는 물질에 대한 비판적 태도를 방기할 수 없다. 내일이 더 아름다기만 하다면 희망이 있다고 할 수 있을 것이다. 그렇다면 내일을 위해 오늘을 질의하고 비판해야 한다. 모든 사람들이 기분이 좋기만 하다면 행복하다고 할 수 있을 것이다. 그렇다면 거지가 단 한 사람밖에 남지 않는다 해도 우리는 질의하고 비판해야 할 것이다.

지구화라는 컨텍스트 아래 어떻게 지속적인 관심과 정조를 유지할 것인가 하는 문제는 도전이 아닐 수 없다. 한 가지 문명이 또 다른 문명을 소멸시킬 때 우리는 이 문명을 비판하지 않을 수 없다. 적지 않은 사람들이 내 시집 『도시유랑집』에 대해 이상하게 생각하고 있다. 충분히 상상할 수 있는 일이다. 『작은 토끼』도 그들에게 이상한 느낌을 주었을 것이다. 하지만 내게는 이런 이상함 자체가 이상할 뿐이다. 시인으로서, 지식인으로서 나는 가장 독립적인 인격에 기초하여 혹은 좀 독특할 수도 있고 혹은 그다지 독특하지도 않은 나의 느낌과 경험, 상상과 사유를 표현함으로써 자신의 본분을 수행하고 있을 뿐이기 때문이다. 그래서 내가 시를 쓰는 초심이 좀 과장되어 있다고 말하기도 하지만 이것이 바로 『작은 토끼』의 영혼이기도 하다.

『도시유랑집』의 확장으로서, 『작은 토끼』는 이러한 생각을 표현하는 데 더욱 집중했다. 눈부신 번영과 경제적 풍요의 배후에서 우리는 이미 더 이상 사상의 고통을 의식하지 못하고, 더 이상 죽음에 대해 자발적인 존중을 표하지 못한다. 막연함과 정신적 마비 때문에 두려움을 느끼지도 못한다. 다시 말해서, 모든 사상가들이 이미 육욕화되었다는 것이다. 내 시야 속에 있는 대부분의 시인이나 철학자들도 다양한 형태의 재물의 향연을 향해 서둘러 나아가고 있고, 자신의 자리를 찾기 위해 분주하다. 그러고 나서 공허한 사상가의 신분으로 좋은 술 한 잔을 얻어 마시려 하는 것이다. 재물에 대한 숭배는 도시에 대한 막연한 숭배를 가져왔다. 모든 도시는 야만의 '킹콩' 같아서 엄청난 체력으로 빌딩들을 높이 치켜들고 보다 도시화되고 보다 부유하고 보다 웅성화(雄性化)되는 길로 매진하고 있다. 이것이 바로 생기발랄한 21세기의 상징이다. 하지만 시각을 달리하여 내려다보면 인류 상잔의 수단은 더욱 완벽해지고 있고 빈부격차는 갈수록 벌어지고 있는 것을 알 수 있다. 천당은 더 높아지고 지옥은 더 깊어졌다. 회사의 형태로 존재하는 이 사회구조는 극도의 염가로 이른바 '생산력'이라 불리는 사람을 사들일 수 있게 되었다. 인간 자체의 숭고한 의미와 가치를 따지는 사람은 거의 없다. 세기말적 심리가 사람들을 부에 광란하게 하고 이에 따라 가난에 대한 천대와 차별이 만연하고 있다. 모든 사람이 세상의 종말이 임할 때 그 '마지막 사람'이 되려고 한다. 슬픈 사실은 지식인들마저 국경과 종족, 선후를 가리지 않고 변질되고 있다는 것이다. 한 무리 또 한 무리의 올챙이들이 무의식적으로 이미 언어에 의해 규정되고 길들여진 길을 따라가듯이 남의 아취와 풍류에 편승하여 삶을 훔치고 있는 것이다.

형식을 놓고 볼 때, 『작은 토끼』는 한대(漢代) 부(賦)의 체제를 모방하여 민족적 전통에 호응하고자 시도했다. 이른바 시의 민족적 특성은 언어 기교의 창조적 변화에 그치는 것도 아니고 일부 형식의 유희에 그치는 것도 아니다. 오히려 시대의 진실한 생존 상태에서 그 민족이 발휘했던 정신적 풍모와 표현 방식의 종합적인 반영이라고 할 수 있을 것이다.

2006년 9월 13일
뤄잉

나의 침묵을 건드리지 마 (2002-2003)

불면에 관하여

황량한 들판에서의 불면이 노래처럼
한 구절 한 구절 별을 세고 있다
그런 다음, 정성껏 사랑을 편집한다
유년을 처음부터 끝까지 다시 교열할 수도 있을 것이다
도시에서의 불면은 시처럼
한 번 또 한 번 깊은 심연을 말해주고
그런 다음 정성껏 배반을 회상한다
어쩔 수 없는 무력감을 다시 하나하나 들춰내
도시가 조용한 사이에 두려움을 만끽한다
시가지가 늪처럼 어둠 속에서 너를 둘러싸면
몸이 점점 깊이 빠져드는 순간에도 너는 소리칠 방법이 없고
이 도시의 모살로부터 도망칠 방법도 없다
화려한 빌딩들은 모두 활짝 열린 쥐구멍 같아서
너로 하여금 어쩔 수 없이 고개를 숙이고 들어가게 한다

이 불면의 시간은 자명종처럼

밤마다 네 영혼의 휴식을 깨우고

머나먼 향토는 너의 흐느낌에 소리를 잃게 한다

도시여, 내게는 고향도 보이지 않고 산촌도 보이지 않는다

먼 곳에게 쓰다

먼 곳은 가을날 황혼의 매미 울음

어머니의 어깨에 기대 조용히 귀 기울여 들어야 한다

작은 오솔길을 따라 구불구불 그 소리를 찾아가다 보면

먼 곳을 향해 떠나는 잠자리들을 놀라게 하기 십상이다

어쩌면 먼 곳에는 아직도 모든 것이 투명한 상태로 남아 있을지 모른다

하지만 어쩌면 결국 너의 그림자를 발견하게 될지도 모른다

수많은 영혼들이 하늘 끝에서 희미하게 노래하는 것처럼

네가 미소 지을 때 옷깃이 눈물에 젖는 것처럼

도시는 막 밤의 장막 속에서 조용하고 평안하게 몸을 말았다

계명성은 먼 하늘에 걸려 있고

바람은 길을 에돌아 달리기 시작한다

칠흑같이 어둡고 소리노 없는네

대낮에 방황하던 마음이 한밤중이 되자 우울해하기 시작한다

너처럼 먼 곳으로 도망치고 싶다

이 도시의 감옥 같은 고층 빌딩에서 도망치고 싶다

기차역에서 자신의 세월을 등에 지고서 조용히 떠나고 싶다

먼 곳이여

너는 내 영혼 속의 마지막 목장이다

생체 복제가 범람하는 시대에 생존하다

나는 한 번 또 한 번 구석에 고정되어
주방 창문의 모델처럼 한 번 또 한 번 사용된다
유리 뒤에 서서 여러 사람들과 상대하면서
누가 격식화된 표정인지 구분하지 못한다
생명 복제가 범람하는 시대에 생존하면서
나는 자신의 세포에 대해서도 원한을 키우고 있다
이 소란한 거리를 가로지르며
성취와 상실의 과정을 반복한다
우연히 나타난 참새가 건물 사이에서 울듯이
자신이 암놈인지 수놈인지 구별하지 못하면서
커피를 단정하게 들고서 스스로 길을 찾는다
 생활에 활력이 가득하기를, 삶이 평온하고 안정되기를 기대한다
 도시의 정원에 난 오솔길을 배회하면서

삶의 꼭대기에서 떨어지기를 기다린다
무너지기 시작한 주식시장이 천 길 아래로 곤두박질치는 것처럼
강산(江山)을 지정(指定)하는 학자가 비이성의 번영을 저주하는 것처럼
도시여
나는 너의 사치를 몰아낼 수 없고
더 이상 너의 흡수에서 벗어날 수도 없다
   주식시장에 갇힌 투자자들처럼

도시의 밤

1
나는 내가 좋아하는 등불이 어느 것인지
제대로 기억하지 못한다 내 마음의 방에 들어가면
똑같은 도시와 똑같은 거리
길을 잃은 감각이 어째서 매번 그렇게 똑같을 수 있는지

항상 사람을 잘못 찾고
항상 방향을 잘못 찾고
항상 도시를 잘못 찾고
항상 거리를 잘못 찾고
매번 술집의 음악을 잘못 듣는다
도시여
너는 어째서 항상 나로 하여금 너를 믿지 못하게 하는가

2

너 이 도시의 밤은 멋지고 아름답다

등불은 수정처럼 밝고 투명하다

또다시 내가 행을 잘못 쓴 생각의 실마리가 날아다니고 있고

창문을 사이에 두고 거리를 내려다보면

거리는 텅 비어 있고

머물 데 없는 낙엽만 이리저리 몸을 뒤집으며 허공을 날고 있다

말할 수 없는 슬픔의 황금빛

그것이 바로 가을의 생장(生長)이다

너 이 도시여

나를 이토록 두렵고 서글프게 해놓고서

유리의 포옹과 냉담함을 가로질러

무정한 자동차 등불이 깜빡깜빡 빛을 낸다

나는 본다

유랑하는 소년이 내 자동차 창문을 닦는 것을

그런 다음 조용히 한밤의 도로변에서

기다리고 있는 것을

후퉁(胡同)

어젯밤

달빛은 가늘고 길게

후퉁(胡同) 안을 떠다녔다

고향의 작은 골목처럼

진흙의 맑은 향기는 항상 자라고 있다

시간을 후퉁 안으로 밀어 넣을 수만 있다면

모든 문지방 위에 단정하게 앉아

누구의 생각이 가장 먼저 늙는지

누가 고향의 모습을 자세히 서술할 수 있는지 지켜볼 것이다

도시의 후퉁 같은 만곡(彎曲)에는

고향의 나비가 마루에서 나를 기다리는 일은 더 이상 없을 것이다

후퉁의 달빛 같은 청량함에는

청명절의 가는 비가 내 소와 양을 적시는 일은 더 이상 없을 것이다
한 가닥 한 가닥 이 후통들은 미로처럼 처량하고
출발점에서 종점까지가 얼마나 긴지 알 수 없다
고향을 잃어버린 기러기처럼 후통 안을 걷는다
다행히
　나는 아직 이 21세기의 우울을 갖고 있다

술 노래

1
왕의 긴 노래와 가벼운 탄주(彈奏)는 숲과 같아서
달무리의 자줏빛 비단이 비처럼 흩날리네

첫 꿈처럼 빨리 찾아오는 이는 누구인가
외로운 매처럼 걸출하고 구름처럼 말이 없네

옥석처럼 푸르게 빛나고 야윈 매화처럼 붉고 신선하더니
그 아름다움이 단풍이 되어 가을날의 상처로 사라지네

공허와 적막이 된 채 거리를 뚫고 가다가
깊은 우울을 드러내며 고개 들어 끝없는 곳을 바라보네

줄을 이룬 세월을 어디서부터 해독할 수 있을까

따스한 그리움은 빛깔을 드러낼 방법이 없네

떨어지는 꽃잎으로 뒤덮인 귀로에는 수정 같은 이슬이 가득하고
작은 정자가 오래 버티고 있는 황량한 오솔길은 녹슨 쇠처럼 무겁기만 하네

사상의 접힌 페이지는 경박하면서 화려하고
광박한 지식의 전당은 감옥처럼 견고하네

푸른빛 부평초가 요염한 연못에 누가 발을 씻을 수 있을까
오가(吳歌) 노랫소리에 첫 아름다운 향기가 피어오르네

구월에 허락된 배반이 익어가고

물결이 이는 듯한 축복이 모래언덕에 저장되네

높이 치켜든 외침이 금피리처럼 울리고
아주 늦게 생장한 희망은 산등성이를 넘네

온갖 풀들의 향기 가득한 정원은 청명절처럼 평안하고
금빛 휘황찬란한 기다림은 호호탕탕하기만 하네

밝은 가을 국화는 눈물처럼 순수하고
멀리 흩어진 마음속 토로는 초겨울부터 항해를 시작하네

노을빛 찬란할 때 누가 환한 웃음을 웃을 것인가
먼 산에 눈 내릴 때 누가 와서 옷을 갈아입을 것인가

2
바다 쪽빛 시구(詩句)는 가을의 원망으로 쓴 것이라
토끼같이 부드럽고 가야금 줄처럼 그윽하네

새 무지개가 뜰 때 땅에 엎드려 바라보면
당옥(唐玉)은 옛 양관(陽關)의 사황(沙黃) 같네

긴 두건을 높이 들면 은북 소리 크게 울리고
눈발 성긴 새벽에 조용히 서서 낮은 노래를 부르네

수정처럼 밝은 달이 뜨면 그 밝음이 밝은 술 같고
검과 피리가 가볍게 부딪치던 기억이 쓴 쑥처럼 맑네

지혜로운 자의 긴 머리칼이 발자국처럼 노닐고

구기(丘起, 서한 말기의 유명한 학자)가 돌에 글씨를 쓰던 날들은
바람 옷에 풀 치마처럼 자연스러웠네

우주의 빛이 사방에서 방사되는 한밤에 술잔을 높이 들고 노래
하니
호탕한 몸짓에 별마저 가볍게 눈물을 떨구네

얼음처럼 맑고 옥처럼 순결한 첫 입맞춤은 풀빛처럼 푸르고
제비 울음소리 초가을 금빛 버들 사이를 맴도네

배반처럼 붉은 수확은 불 같고
긴 길처럼 희미한 이별은 노래 같네

간직하기 어려운 고난은 낙과처럼 흩어지고

거울처럼 쓰고 떫은 여명은 서리와 이슬처럼 적막하네

오랑캐 피리 소리의 더없는 서글픔이 황야처럼 애를 끊고
그윽한 거문고가 타는 악곡은 천년의 변화를 담고 있네

크고 아름다운 모임이 천백 년의 세월을 고립시키니
울타리를 마주한 그리움이 마디마디 피어나네

찾아 헤매던 고원은 심장처럼 차갑고
떠나버린 기원은 꿈처럼 말이 없네

별과 구름이 지키던 가로등은 애인처럼 따듯하고
대나무 수레를 달리던 약속은 일출처럼 웅장하게 빛나네

3
한번 날개를 꺾인 항행은 음부처럼 악장 속에서 중단되고
고원에서 목욕하던 낯선 사람은 나무인 양 분별할 방법이 없네

속세의 먼지 속을 맨발로 걸으니 햇빛이 구리 같고
알몸으로 사람들 속에서 바람처럼 긴 휘파람을 부네

파산(巴山)에서 해우하여 머리를 묶어 춤을 추고
어깨를 나란히 하여 산처럼 가까이 함께 세월을 보내네

따스한 봄날이 견고한 바위처럼 무거우니
꽃에 달라붙은 계절이 풀처럼 놀라네

눈(雪)빛의 다정함은 다시 쓰기 어렵고

방울 소리 울리는 황량한 강은 메아리가 없네

긴 밤의 만류가 금빛 거미줄처럼 가득하고
하늘에서 내려다본 조배자(朝拜者)들이 얼음 밑을 떠다니네

날아가는 비둘기가 전해주는 눈동자는 부평초처럼 연약하고 아름다운데

물러설 수 없는 생명의 언저리에서
평범하고 용속함과 같은 대오가 된 고통을 받아들이네

굳센 정절과 서로 약속할 수 없는 세월에
장미 같은 시를 써내지 못하네

간직하다

그 조용하고 평온한 하류를 생각하면
수많은 슬픔과 원망을 참을 수 없지만
바람이 불어 고개를 숙인 버드나무처럼
나뭇가지로 묵묵히 버텨내는 수밖에 없다

그 담담하게 웃던 얼굴을 생각하면서
그 영혼의 떨림을 간직하지만
너의 그 즉흥적인 입맞춤처럼
내 마음을 우울하게 할 뿐이다

너는 떠나지만
일찍이 십자로에서의 해후처럼
너의 뒷모습은 내 마음속에 각인되어 있다
나는 매일매일 너의 뒷모습이 여전하다고 말할 것이고

네가 돌아오더라도

그 뒷모습을 쫓아 보내지 못하게 할 것이다

마음의 이야기

귤처럼 붉게 물든 황금빛 가을에 그리움을 수집한다
그런 다음 마음속 동면으로 깊이 가라앉아
말없이 정감들을 편집한다
흰 눈 속에서 한 편 한 편이 순수하고 맑지만
마음을 가라앉히고 모든 자구를 가볍게 쓰면
더 이상 분명하게 읽을 수 없을 정도로 어지럽진 않다
마음의 이야기는 마음으로만 쓸 수 있는 법
생명의 필묵은 깊이 가라앉은 뒤라야 선명해지고
무거운 사랑은 결국 하늘에 떠 있다 지는 가을 달 속으로
사라진 뒤에야 항상 붉고 아름다운 법이다

우울

색깔로는 저의 우울을 표현할 수 없어
고독 속에 서서 말없이 방황합니다
두 손으로 깨어진 기억들을 받쳐 들면
바람 부는 대로 이리저리 날려 눈 깜짝할 사이에
빈손이 됩니다
희미하게 한 가닥 돌아갈 길이 기억나긴 하지만
항상 먼 곳으로 사라지고 말지요
마음이, 너무 시렸어요
사랑과 미움 모두 저를 두렵고 당혹스럽게 합니다
산을 지나고, 강을 지나고, 고향을 지났지만
항상 누구 때문에 이렇게 바쁜 건지 이해할 수가 없습니다
바람에게 물어보고, 풀에게 물어보고, 해에게도 물어봤지만
항상 제가 누구에게 잊히는 것인지 알 수 없습니다
어제의 강가에 서면

저는 무거운 행낭을 등에 집니다
가을바람에 떨어진 가지와 입사귀가
이리저리 흩어져, 바람이 있어야만 생장할 수 있는 것처럼

조용히 바람에 흩어지게 하라

저녁 무렵, 너의 촛불이 나를 비춘다
나의 적막을 향해 종이 울리는 것이다
잃어버릴 수 있는 나는 이미 다 잃어버렸고
가을날의 낙과처럼
오로지 진흙 속에서 침묵하면서
네가 내 꿈속으로 들어오기를 기다리는 수밖에 없다
너의 눈물이 내 옷깃을 적시기를 기다리는 수밖에 없다

너의 촛불이 사념의 실마리처럼 밝아졌다 어두워진다
이 잠시 동안의 무언을 이용하여
이별을 꿈처럼 달게 하라
눈빛으로 너의 얼굴을 가볍게 쓰다듬고
미소로 너에게 안녕이라고 말한다
서로 아쉬워할 필요는 없다

모든 산이 샘물을 남기는 것은 아니니까
아예 마음을 열어 정감이 흐르게 하라
조용히 바람에 흩어지게 하라
  항상 붙잡을 수 없는 마음이 있고
  항상 이해할 수 없는 마음이 있는 법
  달콤한지 안 달콤한지
  미운지 안 미운지도
  항상 너의 머리맡에 달려 있다

안 돼

날 사랑하면 안 돼

내 마음은 서글픔만 남길 뿐이야

너의 검은 머리칼을 흩날리면 안 돼

나의 눈길을 애무하면 안 돼

내 잠자리가 외롭게 울고 있어

제발 바람이 그 울음소리를 떨어뜨리게 하지 마

제발 이슬을 머금은 풀에게 묻지 마

풀들만이 낙엽의 행적을 알고 있단 말이야

날 사랑하면 안 돼

나의 마음은 호수처럼 잔잔하단 말이야

봄이 돌아오면 나는

눈발이 날리면 나는 곧 얼어붙고

너는 총총히 오고 가겠지

가을걷이 때는 네게 과실이 있을 것이고
초여름이면 너는 따스한 향기를 갖게 될 것이다
얻을 수 있는 것은 전부 네가 얻게 하고
잃을 수 있는 것은 내가 하나도 남겨두지 않을 것이다
내가 모든 꿈을 편집할게
세상에는 황폐한 초원처럼 잡초가 우거지게 해
고난이 고난을 번성시키게 해
일단 있었던 것은 순진할 필요가 없어

너를 가볍게 잊어버릴게
날 사랑하지 마
너의 눈물로 내 옷깃을 적시지 마
나의 적막을 건드리지 마
내 꿈속에 서지 마

십자로에 있는 초소처럼
꽁꽁 언 채 움직일 수 없어야 해

한류(寒流)

또다시 한류가 돌아와
음산하고 차갑게 마당에 서 있다
문을 잘못 두드린 손님처럼
삶이 눈 깜짝할 사이에 역행한다
마음이 싸늘해지고, 한밤중에 급속도로 기온이 떨어진다
시작될 세월을 누가 분명하게 말할 수 있을까
마음과 마음에 방어선이 구축될 때
과거의 이야기는 기형으로 구성되고
사람과 사람이 막연하게 서로 대립할 때
잃은 것과 얻은 것을 누가 구분할 수 있을까
한류가 돌아왔다
차가운 비단 치마를 입고
꿈속을 헤매다 깨어난 소녀처럼
두려우면서도 미소 띤 얼굴을 하고 있다

네게도 한때는 꿈이 있었겠지

내가 너의 온정을 택했을 때는
너의 부드러운 머리칼이 흔들리게 하지 마
아 참, 한 가지 묻겠는데
네게도 한때는 꿈이 있었겠지
항상 움직이지 않는 구름 한 송이쯤, 있는 법이니까

내가 너의 우울을 거뒀을 때는
너의 눈물방울이 수정처럼 맺히게 하지 마
아 참, 한 가지 묻겠는데
네게도 한때는 꿈이 있었겠지
항상 묶어두지 못하는 바람 한 자락쯤, 있는 법이니까

내가 너의 권태를 뒤적일 때는
너의 웃는 얼굴이 가라앉게 하지 마

아 참, 한 가지 묻겠는데

네게도 한때는 꿈이 있었겠지

항상 멈추지 못하는 노래 한 자락쯤, 있는 법이니까

내가 너의 기억에서 걸어 나올 때는

너의 이름이 다시 새겨지게 하지 마

아 참, 한 가지 묻겠는데

네게도 한때는 꿈이 있었겠지

항상 분명하게 들리지 않는 말 한 마디쯤, 있는 법이니까

실수

문을 잘못 두드린 사랑이 발길을 돌릴 수 없어
긴 밤 내내 멀리 응시했다가 또 가까이 응시하기를 반복한다
승낙이 필요 없을 때는 더 물러가기 어렵다
얻을 필요가 없을 때에는 더 거절하기 어렵다
비 온 뒤 들판 오솔길에서의 우연한 만남처럼

얼마간은 주저한다. 홀로 가는 사람은 얼마간은 두려운 법
이른 새벽의 낯선 꿈처럼 어지럽다
조용함을 그리워하고
웅혼함을 그리워한다
미친 듯한 야성의 바람은 금홍빛이고
빠르게 흐르는 산은 오렌지빛이다

친구에게

손을 휘저으며 희망을 높이 든다
그런 다음 우리는 각자 먼 항해를 떠난다

풍우가 닥쳐올 때, 너는 어디에 있는지
너의 마음이 우울하진 않은지
너의 행낭이 비어 있진 않은지
너의 돛대는 여전히 높이 솟아 있는지

멀리 떠나는 자의 슬픔은 멀리 떠나는 자만 스스로 즐길 줄 알고
뭔가를 찾는 자의 막막함은 찾는 자 자신이 등에 져야 한다
돌아갈 길이 없는 여행에는 더 이상 만나는 지점이 없고
서로 만날 방법이 없는 고독은 달빛처럼 길기만 하다
떠도는 자들은 자신의 즐거움에 스스로 심취하고
말할 수 없는 그리움은 돛에 함께 걸린다

산등성이에서 서로 만나면 너에게 경의를 표해주마
너는 황량함 속에 바위처럼 우뚝 서 있겠지
큰 바다에서 서로 마주 보게 나는 너를 축복해주마
너는 파도라 바람이 거세고 구름이 밀려올 때
황혼의 끝에서 우리의 경례를 받겠지
어두운 밤을 뚫고서 우
        리
         는
           쇠
            노
           를
             젓
              는
               다

환상

환상은 거지의 유랑 같다
완전히 빈손, 아무것도 가진 게 없다
여명에게 햇빛을 구걸하고
봄날에게 아름다운 향기를 구걸하고
땋은 머리를 가다듬는 소녀에게 입맞춤을 구걸하고
긴 밤 잠 못 이룬 여인에게 정장을 구걸하다가
황혼이 내리면 너의 따스함과 너의 광기를 세심하게 읽어낸다

환상은 거지의 유랑 같다
아무것도 몰라 침묵하고 혼자서 슬퍼한다
창백한 산에게서 외로운 오만을 구걸하고
황량한 들판에게서 강인함을 구걸하고
검은 눈동자의 소녀에게서 눈물빛을 구걸한다
황혼이 내리면, 너의 붉은 입술, 너의 서글픔을 세밀하게 조준한다

환상은 거지의 유랑 같다

하늘가의 별

너는 정말 너무 멀리 떨어져 있어
너의 도피는 넘을 수 없는 빙산 같아
메아리처럼 나는 먼 산에서 널 기다릴 거야
바다 갈매기처럼 나는 하늘 위에서 널 내려다볼 거야
외롭고 차가운 여명에 긴 휘파람을 불 거야
마음은, 죽도록 너의 아름다움을 찾고 있지
너는 지쳤을 거야
팽팽하게 늘어난 돛이 해안에 떨어지기를 갈망하는 것처럼
너는 서글플 거야
어쩔 수 없이 무력한 나그네가 따스한 객잔을 향해 발길을 옮기는 것처럼
긴 잠을 자고 깨어난 이른 새벽에 확인해봐
하늘가의 별들이 나의 변치 않는 사랑이 아닌지
소리 없이 밝은 빛을 내면서

가볍게 반짝이고 있지 않은지

여자아이

나를 너의 신변으로 떨어지게 해줘
가볍게 웃으며 네가 화장을 해
네가 멀리 가서 등에 지고 돌아오는 그리움을 받쳐 들고
한 쪽 한 쪽 너의 서재에서 제본해줘
그리워하는 마음은 채색 무지개처럼 아름다워
긴 밤을 뚫고, 너의 하늘에 아주 높이 걸리지
매일 내가 넘어와
너의 창문 앞을 지키며 가벼운 노래를 부를게
여자아이야
넌 아름다워야 해 네게선 향기가 나야 해

봉화대

활량함 속에 서서 나처럼

천백 가지의 견고함으로

어려움을 지키면서 흔들림을 허락하지 않는다

나처럼 아득히 작고

뭇 봉우리들처럼 편안하고 조용하게

석양이 끝없이 태우는 하늘가에서 가볍게 흔들리고 있다

너에게 가까이 다가가면

나의 황량함은 더욱 창백하고 아름다워진다

창밖

이른 아침과 먼 산이
　꿈처럼 평담하다
등불 빛은
　마지막으로 평안하다
일찍 잠에서 깬 새벽안개가 가득 피어오르면
　연인의 가벼운 귓속말이
긴 밤을 밝게 하고
옷을 벗어버린 기억은 조금 빨개진다

갈등

사랑도 주저하고
미움도 주저한다
너를 정말로 사랑한 적도 있고
너를 정말로 미워한 적도 있다
평정을 생각한 적도 있고
우울을 생각한 적도 있다
천하의 모든 이야기를
하룻밤에 다 써버릴 생각을 한 적도 있다
단지 삶이 무엇인지 모를 뿐이다
삶이란 너만을 위한 것이 아닐까

옥수수

가을이 깊어지면 세월을 꽁꽁 싸매기 시작합니다
옥수수의 그 성숙한 찬란함은 건드리지 말아주세요
모든 수확을 주랑 앞에 높이 걸어놓고
황혼의 모든 세밀한 지평점에서
모든 발견 속에서 즐거움을 찾습니다
정말로 마음이 푸른 싹처럼 자유롭게 펄럭이다가
떨어짐 속에서 세월을 판단하기 시작할 수 있어야 한다면
은 낫처럼 차가워야 할 겁니다
수확 중에 뒤집혀버린 어쩔 수 없음은
틀림없이 새벽 서리처럼 차갑고 맑을 것입니다
가을 달이여
술에 취한 나의 긴 노래를 비춰주기를

사랑의 소야곡

이른 아침이면 우리는 서로 모인다
너는 어머니의 기억을 가지고 온다
황혼이 되면 우리는 서로 헤어진다
너는 담담한 우울을 남긴다

한 줄기 가벼운 바람이 흐르는 구름을 흩뜨리고
이때부터 우리는 서로를 잊기 시작한다
눈꽃이 손바닥 위에서 녹아 없어지는 것처럼
뭔가 얻기도 전에 이미 사라져버린다

비가 올 때

비가 올 때면
나는 네가 그리워진다
비의 주렴 너머로
너는 달콤하고 아름답다

빗소리는
보일 듯 말 듯
분명하게 말하고 싶지 않았던 너의 언어 같다
지나간 날들은 몽롱하면서도
채색 무지개처럼 화려하다
한순간에 반나절을 뜨겁게 달구더니
가장 진실하게 사랑할 때
가장 멀리 떠나버린다

검은 눈동자

그 두 개의 검은 눈동자를
아무리 해도 잊을 수 없다.
꿈속에서 몇 번을 만났는지 모른다
기억나는 것이라고는, 그 순진한
무늿결이 선명한
그 눈물방울
우울의 결정

아, 하늘은 모르게 하라
꿈이 자라면
내가 그 두 개의 검은 눈동자를 닦아
거울처럼 깨끗하게 할 테니

너는 미풍이다

나는 너의 이름을 쓰다듬는다
이른 새벽의 별을 높이 들듯이
가벼운 이슬방울이 작은 풀을 흔들면
너의 이름은 수정처럼 빛난다

나는 너의 목소리를 껴안고
공기를 맑고 깨끗하게 닦아
하늘과 땅이 전부 너로 가득 차게 한다
너는 미풍이라 내 마음속으로 불어온다

나는 너의 꿈에 입을 맞춰
네 꿈이 가을비 속에서 생장하게 한다
새 한 마리가 밤하늘에서 울다가 지친다
길고 긴 울음이 숲이 된다

너의 너는 전부 가지고 갔다
남은 것이라곤 빛깔이 희미하게 웃는 얼굴뿐
그리고 약간의 기억이 풀잎이 잡지 못하는 벌레 울음소리처럼
마음속을 떠돈다

인내

나는

참는다

회개하지 않는다

나는 사랑하기 때문에

다시는 눈물 흘리지 않는다

마른 등나무의 오랜 기다림처럼

네가 이미 지쳐버린 것을 잘 안다

아니면 거리를 배회하려 한다는 것을

네가 달빛을 테라스에 남겨둔 것을 보면서

네가 어제의 꿈을 문밖에 버리기를 기다린다

갑자기 눈발 속의 꽃에 가지가 마르고 잎이 시든다

상실

상실이 때로는 너를 해탈하게 한다
미로가 새로운 선택을 가져다줄 것이다
네가 잘못된 운명의 열차에 오를 때
아마도 너는 새로운 삶을 시작했을 것이다
상실로 인해 또 상실하지 말고
잘못 선택한 길을 또 잘못 선택하지 말라
무엇이든지 익은 것이 있으면 베라
그러면 너의 곡식 창고가 풍성헤지리니

내 침묵을 건드리지 마

내 침묵을 건드리지 마
나는 이미 너무 많은 것을 잃어버리고
그 깨진 전설
너무 긴 길과
너무 많은 강 밖으로 걸어 나왔어

내게 묻지 마
내게 말하지도 마
석양은 이미 격추되었고
황폐한 초원이 모닥불을 태우고 있어
내 연인은 아직 기다리고 있지
글자 없는 노래를 부르면서
잎이 없는 꽃송이를 받쳐 들고서

아, 이 외로운 꽃송이를 건드리지 마

이 꽃은 이미 너무 많은 시련을 겪었어

나는 이 꽃이 마침내 곧 죽게 되지만

그 순간은 반드시 가장 장렬한 순간이 되어야 한다는 걸 알아

나-자화상

담담할 때면, 나는 우울을 찾는다
적막할 때면, 나는 기억을 가지고 논다
나는 모든 세월을 우두커니 서 있게 한다
고통의 순간에 눈물을 짜내게 한다
나는 모든 삶을 침묵하게 한다
가장 고독한 곳에서 죽어가게 한다
나는 모든 그리움이 싹 틔우기를 중지하게 한다
가장 무거운 구역에 멈추게 한다

나의 과거는 작은 강과 같아서
때로는 거세게 흐르다가, 때로는 말라버린다
나의 현재는 늪지 같아서
모든 발을 헛디딜 수 있다
나의 내일은 문자로 쓴 노래와 같아서

무엇을 노래하고 있는지 모른다
하지만 나는 나의 돛이 내려져
종점도 없이 표류하는 것을 허락하진 않는다
한때 나는 무척 유약했기 때문에
천 번이나 배반당하는 것도 허락할 수 있다
한때 나는 얻은 것이 있었기 때문에
만 번을 거절당한 것도 추구할 수 있었다
어떤 사람은, 내 가슴을 두근거리게 하고
어떤 사람은, 즐겁게 한다
오로지 방비할 필요가 없는 한밤중에만
나는 자신의 허약함을 인정하며
변조(變調)되는 꿈을 따라 어루만져진다

빈 잔과
빈 탁자 (2003-2004)

나는 커피를 저주한다

나는 커피를 저주한다

커피는 새처럼 나로 하여금 날개를 잃게 한다

그 향기와 맛은 플라스틱처럼

건조하고 생경하며 떫고 난해하다

이 도시의 세월도 이와 다르지 않다

그 누구의 생활이 새로운 무늬를 지닐 수 있을까

재물을 궤짝 안에 넣어 굳게 잠가두고 유랑을 시작한다

사실 도시의 마음은 커피처럼 황당하고

술집에서 술에 취한 밤에는 모든 사람이 똑같다

셀 수 없이 많은 바퀴벌레들이 작은 골목 안에 우글거리는 것만 같다

커피를 한 잔 시켜 마시며

이 무미함을 여인과의 잠자리처럼 반복하고 있는 것이다

도시의 바퀴벌레

이 비좁은 차들이 바퀴벌레처럼 도시에서 소탕된다
모든 도로가 검은 뱀처럼 날고 있다
차창을 사이에 두고 서로 마주한 사람들도 마찬가지로 쓸쓸하다
마치 호송차에 실려 격투장으로 끌려가는 것 같다
이 도시의 순환도로는 정말로 자기장 같아서
아무도 이 도시로부터 도망치지 못한다
이 도시의 차들은 정말로 바퀴벌레 같아서
앞으로만 달릴 뿐, 누구도 뒤로 물러서려 하지 않는다
번쩍거리는 경광들은 울면서 고함치는 것 같기도 하고
광풍에 쫓긴 생쥐들처럼 황망하기도 하다

한밤의 편지

한밤중이 되면

멀리 있는 유년에게 편지를 쓰고 싶다

창밖에는

집으로 돌아가는 차등은 하늘을 나는 붉은 줄처럼

바쁜 길을 재촉하고 있지만

나는 이미 늙어 무겁게 변해버렸다

밤에는 잠이 없다

붙잡힌 짐승이 함정 속에서 침묵하고 있는 것 같다

또 바람이 분다

내일 아침에는 떨어져 뒹구는 나뭇잎이 눈을 가득 메우게 될까

흐르는 차량의 요란한 소리는 가을의 소리

도시의 절반은 얇게 서리가 맺히고

도시의 절반은 조용하다

꿈속에서 중얼거리는 사람 누구인가

그 유년 향촌의 소리처럼

마음이 촉촉해진다

밤은 이미 깊었는데

생존자

술집 홀에서 생존한다
한 번 또 한 번 반복해서 치장을 풀고
심사하고 심사되면서
한 번 또 한 번 비즈니스 전문가에게 소장된다
커피로 씻은 얼굴들은 모두 평온하고
항온의 날들은 하나같이 길기만 하다
테이블을 사이에 둔 촛불은 항상 너무 밝아
항상 사람들로 하여금 별안간 어머니를 회상하게 한다
단정하게 잔을 든 손이 때때로 떨리는 것은
등 뒤에서 들리는 시골의 소리가 나를 당황하게 하기 때문이다
비바람도 없이 생존하면서 두 눈이 촉촉하게 젖는 것도
그때의 고난이 뜻밖에도 정신을 잃게 하기 때문이다
이 정원의 장미들은 한창 붉은빛으로 흐드러져 있지만
어느 한 송이가 내 고향의 사조화(沙棗花)만 한 향기를 가질 수

있을까
  이 쓰고 떫은 커피는 차가우면서도 뜨거운데
  바이올린 하나가 막 고향을 그리는 노래를 연주하기 시작한다

오늘 밤 나는 인터넷에 접속한다

가을비가 방금 날아다니는 밤기운을 적셔놓았다
나는 인터넷의 초고속 도로를 질주하고 있다
바람이 어느 방향으로 불어올지
오늘 밤 나의 얼굴은 어떤 모습일지 알고 싶다
멀리 있는 누구를 위해 커피 잔을 받쳐 들 것인가
나의 꽃향기를 누가 와서 품평해줄 것인가
허구의 연못을 마우스처럼 미끄러져 다니다가
프로그램으로 감정을 풍랑으로 조직해내고
종이로 달빛을 만들고
등불로 태양을 만들고
화성으로 붉은 동방(洞房)을 만들어
자신을 향해 벗어나라고 말한다
자신을 향해 슬프게 운다
숲 속의 고독한 이리처럼 인터넷 속을 유랑한다

무리를 벗어난 낙타처럼 목장을 찾고 있다
키보드 위에서는 아무래도 내가 돌아갈 곳을 찾을 수 없다
오늘 밤
나는 인터넷에 접속한다

도로변의 야생 버섯

햇빛은

길가를 비추기도 한다

홰나무에

야생 버섯이 나타난 것이 꼭 나 같다

수많은 사람들 옆에 다정하게 몸을 기대고

여러 사람들과 상대하다가

언제일지 모르지만

발자국에 부서지고 말 것이다

도시의 비는

차갑고 맛이 없어서

싸늘하게 내리면서

2월의 허공을 가른다

모두들 손에 우산을 들고 있지만

나를 위해 눈물을 닦는 사람은 아무도 없다

창문

창문이
창문에 의해 투사된다
창문이
창문에 의해 감춰진다
따스한 온기가 창문에 의해 절단되고
창문을 대하면
창문 속에서 눈이 놀란다
창문은 한밤중 숲 속 이리의 눈과 같아
창문 속의 고층 빌딩들을 차갑게 빛나게 한다
빌딩 숲의 창문은 단면의 거울과 같아서
창문 속의 나는 마지막 옷 한 점마저 벗기고 만다
모든 창문을 다 깨뜨려버릴 수는 없다
창문은 대항할 수 없을 정도로 우리를 발가벗긴다
창문이

창문에 의해 폐쇄되고

창문이

창문에 의해 조망된다

KTV

자신과 노래를 주고받는다
에코를 크게 높이고
바위를 타는 양처럼
높은 절벽에 올라 늑대에게 대항하고
독한 술처럼
마지막 한 잔에 눈이 흐려진다
바람과 비를 전부 노래하고 나면
시골 마을이여
반짝반짝 빛나지 마라
가을걷이의 날이 종소리처럼
마음을 한 번 또 한 번 초조하고 미치게 할 것이다
그 계곡가에서의 약속은 들풀처럼
마음속에서 여러 번 누렇게 말랐다가 무성해진다
디스코가

모든 것을 한없이 어지럽게 만든다
문이 열리면
꽃을 파는 소녀는
소년의 맨 처음 장미 향기를 가져갈 수 있을 것이다

AA제

밤이 AA제로 함께 향수되고
바람은
전과 똑같이 분다
마음은
여전히 자세히 빛나게 닦이고 있다
내 술과 너의 술을 부딪치면
나는 취한다
네가 나의 카드로 계산을 하면
미소가 미소에 대응한다
우리가 입을 맞출 때는
누구도 눈을 감아선 안 된다
오늘 밤에는
너의 눈이 너무나 아름답다
몽롱한 기분으로 너의 어깨에 몸을 기대면

너의 샤넬 향이 내 마음을 들뜨게 한다

AA제

나는 거리에 있고

너는 꿈속에 있다

누가 존재하는가

이 도시가 한 층 한 층 관통되고 있는데
누가 존재하는가
바람에 대항할 수 없는데
누가 존재하는가
등불이
비스듬히 나를 바라보고 있다
내 두 손이 창밖으로 던져져 있다
마음이
발가벗은 채 달리기 시작하지만
어떻게 신음하는지
알지 못한다
술은
슬픔에 의해 스며들어갈 것이고
아무래도 위 속에 아픔이 있을 것이다

문자메시지가 산을 넘고 고개를 넘어와서는
손에 도착하면 이미 얼음처럼 차가워진다
도망가지 못하는 나무들은 아직 길가에 서 있어
목마를 리도 없고
변형될 수도 없다
기타 줄처럼 나는 아직도 공명하고 있다
무너뜨릴 수 없는 무력감을
끝나지 않는 긴 소리를
누가 나를 위해 긴 머리를 잘라주고
먼 길을 걸은 내 맨발의 상처를 보아줄 것인가
이 도시의 길은 너무나 길고
이 도시의 길은 너무나 아프다
찬란한 밤이
화려한 뱀처럼 몸을 비틀면서 조용히 확장되는데

누가 존재하여

도시의 유리창 안에서 자신을 증오하면서도

감히 자기의 그림자조차 부수지 못하는가

누가 존재하는가

누가 존재하는가

울적한 때

내 창문 앞에서 누군가 가야금을 탈 리가 없다

내 우편함은 항상 꿈처럼 텅 비어 있다

석양이 거리를 응시하고 있지만 내 그림자는 보지 못한다

그리워할 때 누군가 나를 경청할 리가 없다

이른 아침에는 자신을 향해 미소 짓고

깊은 밤에는 자신과 대작을 한다

찢어질 듯이 고통스러운 순간이 마음을 놀라게 하고

모든 눈동자들이 나를 두렵게 한다

이 길을 가는 모든 사람들이 저마다 의심스러운 발걸음을 재촉하고

모든 차들이 내 가슴을 갈고 으깨려는 것 같다

이 거리와 골목은 불길처럼 뜨거워

모든 벽돌들이 아프게 달궈지면서도

감히 신음하지 못하고

빌딩 사이를 잠행한다

모든 문패들이 낯설다

이 긴 밤의 유랑이

사람들의 마음을 쓰리고 아프게 한다

이 긴 밤의 불면이

사람들을 끝없이 슬픔에 젖게 한다

이 도시의 긴 밤은 너무 차갑고

고향으로 돌아가는 길에는 이미 눈과 서리가 가득 깔려 있다

이 쓰고 떫은 시구를 보낼 만한 사람이 없어

말없이 시구를 묵송(黙誦)하며 거리와 골목을 한 바퀴 돌아보지만

그 어느 정거장이

나의 본향인가

이웃

이웃은
또 다른 문이고
또 다른 개의 주인이다

이웃은
또 다른 우편함이고
또 다른 비밀번호의 주인이다

이웃은
또 다른 주차 위치고
또 다른 전자시계의 주인이다

빈 잔과 빈 탁자

잔과 잔이
마주 보고 있다
테이블은
낙엽이 땅에 떨어진 것처럼 공허하고 적막하다
술의 잔향이 사방으로 흩어져
여자아이의 입맞춤처럼 멀어져간다
잔과 잔이
텅 비어 있다
테이블은
작은 비에 깨끗이 씻긴다
잔은 노래를 할 줄도 모르고
바람에 더럽혀질 것을 두려워하지도 않는다
서리는 항상 해마다 내리고
술은 항상 밤마다 취한다

잔과 잔은
항상 마주 본다

# 디지털 카메라

너는
다시 한 번 삭제될 수 있다
진흙처럼
간단하게 뭉개질 수 있다

너는
다시 한 번 그럴듯하게 꾸며질 수 있다
눈처럼
땅에 떨어지면 다시는 흔적을 찾을 수 없다

너는
한 번 또 한 번 구도될 수 있다
종이처럼
한 장 한 장 찢길 수 있다

너는

한 번 또 한 번 미소 지을 수 있다

나무처럼

한 번 또 한 번 껍질이 벗겨질 수 있다

너는

무제한의 용량으로 저장될 수 있다

구더기처럼

흑수정 속에서 한 무더기 또 한 무더기 꿈틀거릴 수 있다

꾸며진 혼인

한 동 한 동 고층 빌딩들이
            침대처럼
직립한 채로
            흔들리고 있다
창문 뒤에서
            훔쳐보면
커튼은
            빨간 팬티 같다
등불 빛은
  인터넷상에서 밝아질 것이고
  그럴듯하게 꾸며져 바람이 불고 전기가 통할 것이다

손이
  나무처럼 어지럽게 흔들리고 있다

마음은

    징처럼 놀라서 운다

찢어진 잎사귀처럼

    깊은 밤에 거리와 골목으로 잠입하여

    바람에 뒤집히고 희롱당한다

겨울 눈처럼

    정오에 빌딩 옥상에 흔적을 남기고

    소리 없이 묵묵히 햇빛과 서로를 비춘다

이 밤은

    만 번쯤 반복에서 찾아온 것이리라

    샤넬 넘버 파이브가 만 번쯤 사용된 것처럼

규시(窺視)와 피규시도, 만 번

자유와 피자유도, 만 번쯤

방종한 밤에 억지로 유랑했을 것이다

이 도시는 빅사이즈 콘돔 포장 같다

이 천년의 정액이 하루 밤에 다 사정될 것처럼

거리를 가득 메운 젊은이들은 의심스러운 혼인으로 그럴듯하게 꾸며진다

꾸며진 사람들이여

나는 본다

다리 위 둥근 달이 빨갛게 타오르고 있는 것을

하반신 문학—미녀 작가에게

나를 자세히 봐
하반신 문학으로
너 아름다운 여인의 눈으로
  하반신 아래를 구성해봐
  작은 골목처럼
  쓰레기 하치장마다 모퉁이를 돌면

나의 유랑은
하반신을 향해 주목하는 세월 속을 유랑하다가
억지로 벗겨진 엉덩이처럼 공연을 할 거야

아름다운 여인이여
  누가 너의 팬티 위에 시를 쓰려 하겠는가

나를 찬미해봐
    하반신 문학으로
너 아름다운 여인의 손으로
    하반신 아래를 그려봐
육교가
    화장실 근처에서 꺾어지는 것처럼

나의 유랑은
    이런 막연함 속에서 변조(變調)되어
상반신을 잃은 도시를 유랑한다
시가 기생집에서 한 덩어리로 뭉치는 것처럼

아름다운 여인이여
    "쾌감이 느껴지거든 소리를 질러라."

인상 외 14수

담장이

접힌
채로
나를 본다
넘어설 수 없어
낮부터 밤중까지
한구석에
웅크리고 있다
등으로
낮게 몸을 숙이고 있다
마침내
달빛이 쏟아져
나와

담장을
비춘다

다리(橋)가

나를 다린다
나귀의 반항처럼
아픈 발로
밟는다
개가 지나가는 것처럼
마음대로 쳐다본다
차가
다가와

빙글빙글 돌며 올라온다

그런 다음

나는

빙글빙글 돌며

내려와

세월처럼

반복해서 다려진다

이

개 같은 다리가

또 내게 화상을 입힌다

정오에

나무는
더 이상 흔들리지 않는다
마음은
감히 의지하지 않는다
매미들이
또
함께 오줌을 갈길까
두렵다
맥주는
조심스럽게 마셔진다
그런 다음
개미들이

일어나고

이어서

또 밟히는 것을 본다

정오에

한창 모살이 진행되고 있다

모함을 피한다

그럼 다음 모함한다

징오에

바람이

갑자기 뜨거워진다

이른 아침

비린내 나는 밤이
바래면
햇빛이
빌딩 꼭대기를
빨갛게 물들인다
거리는
곧 소란스럽게 끓어오를 것이다
사람
과
개는
이른 아침 속으로 빨려들어갈 것이다
아침은

이내 말 엉덩이처럼

또 마구 두들겨질 것이다

거리는

더러워졌다가

다시 더러워질 것이다

아침은

선 채로

관망된다

그런 다음

또다시 실오라기 하나 없이 발가벗겨진다

가로등이

밤새
차가운 바람을 맞고서
눈(眼)처럼
차갑게 거리를 훑는다
추호의 당황도 없이
두터운 밤은
거리와 골목에 의해
하나하나 막혀버리고
마음은
차갑게 다가온다
결코
누구를 집요하게 바라보고 싶은 것이 아니다

옷을
천천히 바짝 당긴다
소녀가 자신의 젖가슴을
꽉 움켜쥔 채
가로등에 의해
야만적으로 주시되듯이
개가
얻어맞아 척추가 부러지듯이

기차역이

가로등에
박힌 채

멀리 바라보고 있다

전혀 힘들이지 않고

느긋하게

오가는

사람들이

왔다 갔다 하면서

기차역을

정처 없이 떠돌게 하는 것 같다

눈은

비밀스럽게

주시되면서

백 번째 여인을

뚜렷하게 보지 못한다

기차역이

다시 다가올
리는 없다
요강처럼
나에 의해
한 방에 박살 났기 때문이다

술집이

비스듬히 기울어진 채
사람들을 취하게 한다
어떤 등불로
나를
혼미하게 한다

나의 손으로

긴 의자를 만들면

개가죽 북은

찢어져 더 음탕하다

배설되고

반복되다가

마음이 움직이면

담배 한 개비가

다가온다

아주 쉽게

자라란(紫羅蘭) 꽃을

아프게 태운다

내버려둬라

구기 시합에서는

경기대를 바꿔
한 여자가
한 남자의
모처(某處)를
가리키고 있다

조소(彫塑)들이

도시의
들개
처럼
남녀 가리지 않고
광장에

잡거하고 있다

가까이할 수 없는

햇빛은

길고 비스듬하다

길 가는 사람들은

표정이 황당한 것처럼

느껴지고

되돌아보면

공기가

시고 떫게

물러선다

금속의

표면이

눈이 부신 것처럼

비둘기
또 날아와
다시 한 번
땅 위에
접착된다

비 오는 날

물버들이
가늘고 긴 것처럼
가로질렀던
물은
짙은 붉은빛이다

절단된

신음

거리와 골목이

낮고 미천하게

침묵하면서

사람들을

개 오줌처럼

나무 아래서

말린다

풀은

의심스럽게

흔들려

비 오는 날의

공모(共謀)처럼

땅을

처량하게 만들고

내 마음의 방을

직접 공격하여

상처를 입힌다

애완동물이

나처럼

도시에

의해

양육된다

금속 같은

원한
말 오줌 같은
환상
매일
시계의
저주 속에서
햇빛을
격추시키고
싶다
그 배후가
발가벗은 채
침을 뱉는다
아연 줄 같은
촛불이

빈틈없는 번개

처럼

흘러간다

그런 다음

진흙탕으로

융화된다

인터넷 주소가

쇠처럼

녹았다가

마음대로

길가에

쌓인다

세 가지 색깔의

섬광이

울리고

톱으로 자른

눈빛처럼

다가와

아주 낮게

반응하면서

하수도에

막힐 것이다

아침 오리

비천한
도적이
연못을
가로지르고
또
옆으로
날고 있다
남녀
버드나무의
울음이
신흙저넘
내들보에

철썩 달라붙어 있다
거친
주둥이는
검고 길다
삶을 훔치는
모든 것들이
진흙 숲을
잠행하며
더러움을
병풍 삼아
이렇게
조용히
몸을 낮춘다
이슬방울이

소리 없이

옷에

스며드는 것처럼

초인종이

나의

어쩔 수 없음처럼

부주의하게

눌려진다

나의 권태가

도시 속에서

질펀해지는

것처럼

그런 다음

다시

질펀해져

말없이

문과

대항하면서

햇빛을

거절하고

달빛을

거절하며

한 번 또 한 번

눌러지는 것을

거절한다

양철 꽃이

꺾였다가

다시

용접되는 것처럼

밴드가

도시의

들고양이처럼

밤중에

거래된다

등불과 반대 방향으로

발정한나

드럼 세트가

음탕하게

울린다

호의를 품지 않은

창녀

처럼

도시의

이성적인

발정의 울음처럼

도시의

세기적

매음처럼

나에 대한 나의 인상 외 16수

이끄는 말

나는 나다
나는 결코 나가 아니다

1
꿈을 꾸고 있다
그리고 썩고 있다
모난 쇠처럼
숨어 있다
결코
지지대에
당겨져
절단되진 않을 것이다

돼지
처럼
냉동고 안에서
얼고 있을 것이다

2
아주 멀고 길게
쇠에 슨 녹빛으로
바퀴벌레의
발처럼
탐욕을
부리고 있다
길은
자줏빛으로

오염된다

속옷이

세탁실에서

변색되는 것처럼

3

한밤의

창문 커튼

처럼

갑작스럽게

찢어져

몸을 움츠린 채 떨면서

어찌할 줄

모른다

정원으로

뛰어들어온

사슴이

나뭇가지들을

지배하고 있다

침의

비린내가

모든

오솔길을

삼키는 것처럼

4

문을

밀고서

들고

난다

은근한 감정을

막고 있는

박쥐는

음탕하다

마음이

그물을

열고

담장의 잔해

깨물어 부순다

손은

다리(橋)를

에돌아

풀 연못을

마음대로 반죽하다가

한밤중이 되면

늑대처럼

강경하게

광장을

가로지른다

5

커피를

마주하고

강경한

방향(芳香)을

적대시한다

개처럼

미친 듯이

꽉 잡은

테이블 다리는

물고기처럼

가볍게

손을

불에 데고 만다

뜨겁게 구워진

언어는

술

처럼

한 행 한 행

마구 튄다

그런 다음

얼음처럼

차가워진다

6

숨어버렸던

날들이

또

돌아

와

징처럼

두드려지지만

똑같은

장단이

유기된다

눈(眼)은

가지 않고

탁자 밑을

돌아다닌다

아무도 나를

미워하지 않고

쇠 비녀로

목구멍을

찌른다

아주 멀리서

쇠가

이른 아침에

여인이 설치해놓은

함정처럼

차가워지고

있다

7

화장지의 양면

처럼

살고 있다

게다가

철학에 의해

차별 대우를 받다가

콩깍지처럼

벗겨지고

시들어

말라버린다

무력하게

잘라져버린

다리는

의연하게

아프지도 않고

아무런 의미도 없게

마취되어버리다

등(燈)

처럼

결국 꺼져버린다

어두운 밤이 되면

모든 것이

곧

조용해진다

8
더 이상
반항하고
싶지
않을 정도로
나태해졌다
세월의
문은
두드려지지
않을 것이다
함정의
맨 밑바닥

에서는

고함을 질러도

사냥꾼에게

잊힐 수

없을 것이다

압정이

박히면

나무 벽에

소리 없이

녹이 스는 것처럼

어쩌면

붙을 붙여

높이

든

쉬는

여전히

방향을

잡지 못해

부딪치고 있는지도 모른다

9

다리에

의해

한 번

또 한 번

물을

건너다

단사(丹沙) 화로가

나를 단련시키듯이
그저 이런
평담함이
휘저어놓은
얼굴은
아주 길고
물고기의
배설물이
잔뜩 묻은 채
물 밑바닥에서
올려다보고 있다
가라앉은 나무가
반은 어둠이고
반은 무거움이라

떨어지는 돌에 의해

한순간에

격추되는 것처럼

나

와

나는

흘수선처럼

자꾸만

변형된다

10

자신이

놀랄 정도로

침묵한다

가장 밝은

등불 아래서

영혼을 잃는다

빛이

팔천만 년의 시간을 넘어서

다가오는 것

처럼

현관을

지나가고 싶지

않을 정도로

피곤하다

죽음이 허락된

고슴도치처럼

모살을

기다린다

긴 머리칼이

한 마디 한 마디

깔끔하게 다

엮이고

그런 다음

한 마디 한 마디

깨끗이 청소되듯이

기다린다

11

퇴색한

그림이

벽에

고정되는 것처럼

바람이

부는 방법은

괴상하고

회피하기 어렵다

털 빠진 꼬리의

못이

나를 잡아당기고

빛줄기는

나는

칼처럼

거꾸로

날아간다

다리가 하나뿐인

사람이 들어와

곧장

가볍게

구금된다

나의 퇴색이

반란을 일으키고

나의 잡다한 색깔은

사람들을 놀랠

정도로

비에

젖는다

12

궤도

위에서

합병된다

그런 다음

종점을 기다린다

확장은

굴종하도록

설계되어 있다

썩은 대나무

처럼

연약하면서도

또한

강인하게

능을 내고 있다

도시는

냄새 나는

바가지 같아

나와 함께

양립할 수 없다

태양 밖에 있는

빛이

이름 없이

반짝인다

하지만 나는

그 빛에

조금도 반응하지 않는다

13

깨끗이 씻은

마음은

진한 붉은빛이다

잡다한 생각을 하면서

그리고

아주 경쾌하게

눈동자로

사람들을 보고 지나친다

그런 다음

삐딱하게 보기 시작한다

나는 표창이

백발백중으로

사격되는 것처럼

온갖 것들이

다 다가온다

그리고
한탄한다
바람의 전단응력이
산산조각 낸
문은
밤 오줌에
간음된다

14
아주 깊은
안개 속으로
부터
강을
방향을 바꿔 거꾸로

흐르게 하는

손이

끝없이

도약한다

후안무치의

거머리처럼

도시의 등불

역시

이명(耳鳴)처럼

일정치 않게 반짝인다

치켜세운

눈썹이

기와 한 장에

적중되듯이

버들개지가
피하지 못한
고통처럼
날기 시작하여
아주 쉽고 간단하게
점령한다

15
왼쪽의
비가
티탄합금
처럼
차갑고 단단하게
모서리가 분명하게

존재한다
옷으로
싼
나체는
또
추워서
남아도는 존재처럼
소리를 지른다
지렁이가
항문을
맷돌에 갈린 듯
원한을 품고 있다
그리고
완강하게

미동도 하지 않고

반항한다

16
기억으로부터

자신을

지울 수가

없어

천 톤의

황금으로

노래를 부른다

마음도

귀중할

수가 없다

도시의

채색 무지개는

틀림없이

맑고 새롭지 못할 것이다

땅

위로

꽃잎이 떨어진다

죽을 것들은 죽고

살 것들은 살아

도시의

빛을

건물 옥상에서

거리와 골목으로

방사한다

뼈를 발라낸

고기에는

옆으로 무늬가 나 있어

밝게 붙인

불을

해동한다

담을 넘어

옆으로 움직이면

도시 절반이

후퉁(胡同)이라

반은 어둡고

반은 밝다

문은

바람이

반쯤 가리고 있고

눈물은

사람이

반쯤 흘리고 있다

서랍

나의 우울처럼
아무 생각 없이 당겨져 열렸다가
또 아무 생각 없이 닫힌다
그 서랍이 내가 먼 곳에 있는 고향에서 지고 온
주머니 틈새의 보리알처럼
갑자기 탁자 위에 뿌려진다
아기가 꿈속에서 자애로운 엄마의 젖을 만나듯
갑자기 나는 너의 가슴에 가까이 기대고 싶어진다
정상에 서서도 나는 감히 뒤를 돌아보지 못한다
이 도시의 휘황한 불빛 때문에 내 눈에는 뜨거운 눈물이 고인다
멀리서는
맑고 밝던 산이 황량해져가고
등불 앞에서는 내 딸이 얼굴을 꾸미고 있다
바람이여

너는 또 왜 내 창문을 잘못 두드리고 있는 것이냐

빗속의 정거장

도시의 빗속을 차등(車燈)이 옆으로 뚫고 지나간다
투명한 거리는 차가우면서도 따스하다
빨간 우산들이 비스듬히 육교에 기대어 떠내려간다
우산은 익숙한데
눈이 낯설다
빗속의 정거장은 섬과 같아
어떤 사람들은 떠나가고
어떤 사람들은 뭍에 오른다
나는 지켜보면서 화장을 지우지 않았다
그 한순간의 반짝이는 돌아봄을 기다리고 있다

잿빛 창문

나무 창문이 가볍게 움직여

반쯤 잿빛으로 열린다

마음은 무겁고 침울하게

반쯤 깨어 밤새 생각에 잠긴다

등불 앞에서 시를 읽지만

반은 몽롱하고 반은 쓰고 떫다

나무 그림자가 흔들려도

반은 보이고 반은 가라앉아 특별히 마음을 놀라게 한다

몰래 감춘 무기가 사람을 해치듯

반쯤 멀리서 종소리가 들려온다

두 눈은 반쯤 젖어 있어

멀리 바라볼 필요도 없이 이미 깊고 그윽하기만 하다

살아간다

살아간다
길가의 나무들이 메말랐다 다시 파래지듯이
한 번 또 한 번 가까이 다가온다
그런 다음 또 한 계절 한 계절 날려 떨어진다
미련이 남은 개처럼 한 번 또 한 번 다가와
황갈색 오줌으로 나를 고정시킨다
선택되지 않은 날들은
또 반복적으로 사용된 애정처럼 딱딱해진다
피하지 못한 애무는 개도 참기 어렵다
마음의 고통은 나무처럼 한 겹 한 겹 껍질을 전부 벗긴다
살아간다
어금니를 꽉 깨물어도 절대 아프지 않다

썩어서 생존하다

나는
앞으로 썩어서 생존하게 될 것이다
쓰러진 나무처럼
온몸에 버섯이 자라날 것이다
부서진 가로등이 내 깨진 그림자의 부패 과정을 비출 것이다

바람이
울면서 불어온다
건물은
수치를 모르고 환하게 몸을 드러낸다
얻은 것을
나는 절대 인정하지 않는다
나의 생존은
일종의 통한과 같아서

자기 몸을 미워하는 것 같아서

기왕에

이 도시가 내 몸에 비린내가 나게 했으니

나는

썩어서 생존하게 될 것이다

좋은 달밤

좋은 달밤이면 나는 너를 생각한다
너의 열일곱번째 연인이 된다
너는 장차
등불을 옆으로 들고 눈썹을 그리고
열일곱번째 입맞춤을 위해 얼굴을 꾸밀 것이다
기대고 있는 벽은 여전히 견고할 것이고
열일곱번째 기다림은 아무런 변형도 없을 것이다
열일곱번째 좋은 달이 비춰오는 것처럼
도시의 열일곱번째 잡종처럼
좋은 달밤에 나는 너를 기다릴 것이다
너의 열일곱번째 내일을 위하여

몸을 기댔던 난간

누가 나의 난간에 몸을 기댔었는가
저녁 바람이 휘몰아치기를 기다린다
도시의 등불이 찬란해지는 것을 차갑게 바라보다가
쌀쌀맞게 또 한차례의 외로움을 준비한다
도시의 바람은 결코 굳은 맹세가 아니지만
기댄 적이 있는 난간은 한 번 또 한 번 기대진다
휘몰아친 바람이 한 번 또 한 번 휘몰아칠 것이다
차가워졌던 마음은 한 번 또 한 번 차가워질 것이다
이 도시의 사람들은 한 번 또 한 번 낯설어질 것이다
누가 나의 난간에 몸을 기댔었는가
누구의 따스한 온기가 아직 남아 있는가

머나먼 도시

머나먼 도시

너는 보일 듯 말 듯 하고

깊이 가라앉았던 가을은 희미한 자줏빛으로 물들며

복잡한 색채의 무늬를 이룬다

호접란(蝴蝶蘭)이 가볍게 유혹하면

극락조(極樂鳥)는 좋아 어쩔 줄 모르고

말로 다 하기 어려운 사랑과 연민은 말라비틀어진 국화처럼

비 가리개를 흔들지 못할 만큼 맑고 노랗다

시든 연꽃처럼 아무런 도움도 없이 기다린다

떨림을 막을 수 없을 정도로 메말랐다

머나먼 도시가

시리처럼

너를 한 번 또 한 번 전거힌다

나는 꼭 알아야겠다

나는 꼭 알아야겠다

내가 아직 넉넉하게 교배할 수 있는지를

나는 꼭 알아야겠다

내가 정말 복제된 것이 아닌지를

정말로 내 이름이 불려졌는지를

내 애인이 정말로 성전환을 하지 않았는지를

등불 아래 있는 사람이 정말로 개처럼 나를 물지 않을지를

내 개가 정말로 냉소하면서

개자식,

너는 그저 이 도시 속의 썩어 문드러진 사람일 뿐이야

라고 말하지는 않았는지를

문자메시지처럼 생존하다

문자메시지처럼 생존하면서
성과 이름도 없이 발송된다
길다고 할 것도 없고
짧다고 할 것도 없고
원근이라 할 것도 없이
왜 발송되는지도 모르는 채 하염없이 한 무더기 발송된다
대수롭지 않게 읽히기도 하지만
털어놓는 고통을 누가 믿어줄까
쓰레기처럼 삭제되어도 물어보는 이가 없다

문자메시지처럼 생존한다
본전이라 할 것도 없이 염가로

한밤의 거리

한밤에 마음이 마침내 미칠 수 있게 되었다
마음대로 작은 거리를 달리다가 마음대로 방향을 튼다
더 이상 굳게 닫힌 창문이 갑자기 활짝 열릴까 두려워하지 않아도 된다
반짝이는 이슬의 아늑함에 사람들은 슬픔을 참지 못하고
밤바람의 고요함에 그리움을 갖는다
한밤이 되면 나는 자유롭게 마음껏 처량함을 즐기다가
마침내 이 도시를 위해 진지한 사유를 시작한다
뜻밖에도 등불 그림자 밑에서도 아름다움의 모습이 발견된다

하얀 고양이가 잔디밭 위에서 반짝인다
칼날이 매정하게 눈꺼풀을 자르는 것처럼

● 시작 단상

 시가 일종의 예술이라는 사실은 인정한다. 하지만 시는 동시에 일종의 정서이기도 하다.

 예술로서의 시는 다양한 표현형식을 가질 수 있을 것이다. 여기에는 우리의 포용과 격려가 필요하다. 쟁론이 없는 예술은 너무 메말라 죽음에 가깝기 때문이다.

 하지만 모든 시가 상아탑이나 햇볕 잘 들고 백설이 아름다운 곳에서만 자생할 수 있다면 이런 예술은 고상하고 우아하여 대중에게 추앙의 대상이 될 수는 있겠지만 집에서 키우는 명견처럼 완상의 대상이 되어 일부 소수자들에게만 즐거움을 제공하는 기능을 할 수 있을 뿐이다. 이러한 시가 죽음을 향해 가지 않을 수 있을까? 그렇지 않다면 어째서 그렇게 많은 사람들이 시의 무력감을 안타까워하고 있는 것일까? 따라서 나는 시라는 예술이 일종의 관상과 반영의 예술인 동시에 토로와 배설, 교류의 예술이라고 생각한다. 우리는 시로써 사랑을 표현할 수도 있고 미움을 표현할 수도 있다. 애원을 나타낼 수도 있고 비판을 나타낼 수도 있다. 그러면서 사람들의 공명을 기대하는 것이다. 여기에는 또 수많은 동행자들과 공감하는 사람들이 있어야 한다.

  사유가 없이, 순간적인 감정만으로는 시가 이뤄질 수 없다. 그리고 이런 사유의 행위는 시간과 공간의 제한을 받지 않는다. 나는 에베레스트 산의 주무랑마봉에서도 도시를 사유하고 남극에서도 내 생활을 사유한다. 그리고 사유의 결과를 시로 쓴다. 그러다 보니 나는 이 세상 가장 높은 곳에서, 그리고 가장 추운 곳에서 시를 쓴 사람이 되었다. 하지만 내 시는 주로 도시를 유랑하는 떠돌이로서의 사유의 결과이다. 도시는 인류 문명 발전의 산물이고 사회 진화의 표식이다. 도시는 이성의 총화이기 때문에 저지하기 어렵다. 하지만 도시화의 과정이 불평등을 조성하고 도시 안과 밖의 차이를 만들어내며 다양한 형태의 소수자 집단을 생산한다. 시인과 시가 이런 사회적 부작용을 외면한다 해도 비난과 책임의 대상이 되진 않을 것이다. 하지만 그래도 어떤 시인들은 책상을 내려치며 일어서 외칠 것이다. 이런 면에서 내 시는 도시에 대한 공격이 아니라 사회의 양심에 대한 호소이자 갈망이며 인생에 대한 나의 가장 기본적인 태도이다. 도시화의 가장 큰 수혜자 가운데 하나인 나는 매일 고층 건물의 맨 꼭대기 층에 서서 도시 안팎을 바라보며 건물 밑 삶의 또 다른 지평을 조망한다. 시가 이런 관조를

바탕으로 한 울음과 비판으로 시작한다고 해서 뭐가 잘못됐단 말인가? 일부러 자신도 이해하지 못하는 것을 쓰고, 그러면서 자신이 무엇을 말하고 있는지 모르는 것보다는 낫지 않은가? 나는 시를 통해 인생이 소중하고 생명이 고귀하다는 가장 단순한 진실을 말하고 싶을 뿐이다.

● 뤄잉 창작 연표

1976년 베이징 대학교 중문과에 입학하여 유명 시인 셰미엔(謝冕) 교수를 사사했다. 그 전에 신문과 잡지에 시를 발표하기 시작했다.

1992년 8월 시집 『더 이상 나를 사랑하지 마』 출간(안후이安徽 문예출판사).

1995년 시집 『우울을 거절하다』 출간(안후이 문예출판사).

2003년 7월 연시를 포함하여 160수의 작품이 수록된 시집 『뤄잉집(落英集)』 출간(화문華文출판사).

2005년 1월 시집 『도시유랑집』 출간(작가출판사). 이 시집에는 도시 생활을 주요 제재로 한 시 104수가 수록되어 있다. 같은 해 베이징, 상하이, 광저우, 우루무치 등지에서 『도시유랑집』 학술토론회가 개최되어 셰미엔, 뉴한(牛漢) 등 유명 시인, 평론가들이 작품에 대해 호평을 아끼지 않았다. 심지어 뉴한은 그의 시를 시가계의 '뤄잉 현상'이라고 표현하기도 했다.

2005년 여름   중국 문화부와 당 중앙 등 13개 기관이 주최하는 '길 위에서-뤄잉 시가작품 낭송회'가 베이징 대학교, 중앙전파매체대학교, 수도사범대학교, 대외경제무역대학교 등 여러 대학에서 개최되었다.

2005년 9월   중국 최초의 영상 중편소설 『파란 태양』(작가출판사) 출간. 이 소설은 경성에서 사업을 시작하는 청년과 세 여인 사이의 기이하고 환상적이면서도 감동적인 이야기를 묘사하고 있으며 글과 그림이 함께 있어 매우 독특한 풍격을 보여준다.

2007년 4월   미국 도런스(Dorrence) 출판사에서 영문판 시집 『빈 잔과 빈 탁자(The Empty Cups and the Empty Tables)』 출간.

2007년 8월   일본 시조샤(思潮社)에서 일어판 시집 『도시유랑집』 출간.

● 역자 후기

자발적 실향의 트라우마

1

"시는 가슴으로 쓰는 것도 아니고 머리로 쓰는 것도 아니다. 시는 온몸으로 쓰는 것이다. 정확히 말해서 온몸으로 동시에 쓰는 것이다."

하이데거의 말이다. 시란 어떤 사물이나 현상에 대해 오랜 세월을 거쳐 삶의 경험을 통해 시인의 온몸에 응축되어 있는 모든 심미적 반응기제가 일시에 폭발하듯 반응한 결과물이라는 뜻일 것이다. 그래야 시가 사람과 같고 사람이 시와 같을 수 있기(詩如其人, 人如其詩) 때문이다. 뤄잉의 시도 그렇다. 성공한 기업인이자 산악인으로서 때와 장소를 가리지 않고 문학적 사유와 생활로서의 글쓰기를 실천하는 뤄잉의 시는 이러한 폭발적 반응의 결과이다. 때문에 그의 시는 일반적인 시라기보다는 화려한 수사로 장식되지 않고 병 없이 신음하는 군더더기가 깔끔하게 배제된 채 다소 거칠지만 진솔하게 토로되는 일종의 시적 항변이라 할 수 있다.

2

당대(當代) 중국의 거의 모든 시인들은 각기 고향의 상실과 그에 대한 대가로 얻은 현재의 풍요한 삶에 대한 자발적 실향의 트라우마를 갖고 있다. 이는 개혁개방으로 인한 초고속 경제성장과 사회 발전 방향의 변화에 따라 계획경제에서 시장경제로, 정치 지상주의에서 금전 지상주의로, 정량 배급제의 빈곤 상태에서 과도한 사치와 낭비의 풍요 상태로, 자연과 전원을 삶의 배경으로 하는 농업 사회에서 인공과 도시의 고층 빌딩 숲을 배경으로 하는 산업사회로 너무나 빠른 전환이 이루어진 결과이다. 이처럼 하나의 극단에서 또 다른 극단으로의 급속한 변화가 중국의 시인들에게 엄청난 반성적 사유의 과제를 제시한다. 이러한 반사(反思)의 내용이 뤄잉의 시에서는 고층 건물 유리창에 비친 도시의 풍경을 통해 형상화되고 있다. 알베르 카뮈의 말처럼 우리의 삶은 지고한 이론으로 기억되기보다는 풍경으로 기억된다.

뤄잉을 만난 것은 지난겨울의 일이다. 자신이 경영하는 중쿤(中坤) 그룹 집무실에서 시인 톈위안(田原)과 함께 만나 시종 환한 웃음을 보이는 그에게서 중국 당대 시가의 짧고 굵은 역사 이야기를 들었다. 작품으로 먼저 만난 시인을 직접 대면하여 얘기를 나누는 것은 무척 가슴 설레고 흥분되는 일이다. 그날의 기억이 이 한 권의 시집 사이사이에 그대로 담겨 있다.

3
시를 번역한다는 것은 대단히 위험한 일이다. 번역 시집은 종종 시의 무덤이 되기 십상이다. 아무래 잘해도 마르지 않은 그림에 덧칠하는 꼴을 면키 어렵다. 중국어의 수사와 한국어의 수사가 갖는 기질적 차이를 극복하기가 시에서는 더더욱 어렵기 때문이다. 이 시집 속에서 뤼잉의 시가 크게 손상되지 않기를 조심스럽게 바랄 뿐이다.

2011년 7월
김태성

옮긴이 김태성

1959년 서울에서 출생하여 한국외국어대학교 중국어과를 졸업하고 동 대학원에서 타이완 문학 연구로 박사학위를 받았다. 중국학 연구 공동체인 한성(漢聲)문화연구소를 운영하면서 계간 『시평(詩評)』 기획위원, 한국외국어대학교 중국어대학 강사로 활동하고 있다. 『고별혁명』, 『중국 문화지리를 읽다』, 『핸드폰』, 『굶주린 여자』, 『아이들의 왕』, 『인민을 위해 복무하라』, 『딩씨 마을의 꿈』, 『눈에 보이는 귀신』 등 80여 권의 중국 저작물을 한국어로 번역했다.

작은 토끼

ⓒ 뤄잉, 2011

초판 1쇄 인쇄일 2011년 9월 2일
초판 1쇄 발행일 2011년 9월 15일

지은이 뤄잉 옮긴이 김태성 펴낸이 강병철 주간 정은영
책임편집 최민석 편집 이수경 황여정 임자영 디자인 여만엽 이연경
저작권 김찬영 노유리 제작 장성준 박이수 영업 조광진 안재임 강승덕
마케팅 박제연 전소연 웹홍보 정의범 한설희 이혜미 심정현

펴낸곳 자음과모음 출판등록 2001년 5월 8일 제20-222호
주소 121-753 서울시 마포구 동교동 165-1 미래프라자빌딩 7층
전화 편집부 (02)324-2347, 총무부 (02)325-6047
팩스 편집부 (02)324-2348, 총무부 (02)2654-7696
이메일 munhak@jamobook.com 홈페이지 www.jamo21.net

ISBN 978-89-5707-592-0 (03820)

잘못된 책은 교환해드립니다.
저자와의 협의하에 인지는 붙이지 않습니다.